Ferne Länder, neues Leben – ein Wegweiser

Autor

Ralf Meier schreibt als freier Journalist und Sachbuchautor insbesondere über Lifestyle-Themen. Seine Bücher und Artikel wurden in zahlreiche Sprachen übersetzt und sind in Europa, Amerika und Australien erschienen. Im Alter will auch er »Goodbye Deutschland« sagen, um sich auf Sizilien dem Anbau von Wein und Oliven zu widmen.

Impressum

© 2009, wissenmedia GmbH, Gütersloh/München
Geschäftsbereich Verlag

Projektleitung: Patrick Grootveldt
Konzeption, Layout und Satz: Stephan Piper, Nina Schmidt,
txt redaktion & agentur, Dortmund/München
Redaktion: Alexandra Minisdorfer, txt redaktion & agentur, Dortmund/München
Bildredaktion: Thekla Sielemann
Medienbereitstellung: Martin Leist, Daniela Wuttke
Covergestaltung: Gerald Wetzel, Laubach
Coverfotos: bigstockphoto.com: Magdalena Bujak (Eltern am Strand); laif, Köln: Tobias Hauser (Regenwald); shutterstock.com: Wegweiser, Joshua Haviv (New York), Dan Breckwoldt (Sydney), Stephen Coburn (Eltern mit Kindern), Conny Sjostrom (Haus am See)
Herstellung: Joachim Weintz
Druck und Bindung: GorenjskiTisk, Slowenien

© 2009 »VOX«, »Goodbye Deutschland« und »Auf und davon« mit freundlicher Genehmigung von VOX Film- und Fernseh-GmbH & Co. KG

Die in diesem Buch gewählten Schreibweisen folgen dem Werk »WAHRIG – Die deutsche Rechtschreibung« sowie den Empfehlungen der WAHRIG-Redaktion. Weitere Informationen unter www.wahrig.de.

Dieses Werk einschließlich aller seiner Teile ist urheberrechtlich geschützt. Jede Verwertung außerhalb der engen Grenzen des Urheberrechtsgesetzes ist unzulässig und strafbar. Das gilt insbesondere für Vervielfältigungen, Übersetzungen, Mikroverfilmungen und die Einspeicherung und Verarbeitung in elektronischen Systemen.

ISBN: 978-3-577-14385-1

Vorwort

Liebe Leserin, lieber Leser,

sein Glück in der Fremde zu versuchen, dem Leben eine neue Wendung zu geben oder unter Palmen den wohlverdienten Ruhestand zu genießen: Es gibt viele gute Gründe, der Heimat für immer oder auch nur auf Zeit den Rücken zu kehren. Seit Jahren steigen die Auswandererzahlen: Pro Jahr sind es mittlerweile über 160 000 Menschen, die Deutschland verlassen, um im Ausland noch einmal ganz von vorne zu beginnen – kein Wunder, dass die Serien »Goodbye Deutschland« und »Auf und davon« des Fernsehsenders VOX beim Publikum seit Jahren auf riesige Resonanz stoßen und entsprechend erfolgreich sind.

Allerdings zeigt die große Zahl von Rückkehrern nach Deutschland, dass sich nicht für alle Auswanderer die Verheißung vom Glück in der Fremde erfüllt. Tatsächlich ist der Neubeginn in einem fremden Land ein kompliziertes Unterfangen mit vielen Fallstricken. »Goodbye Deutschland« beantwortet deshalb alle wichtigen Fragen rund um das große Abenteuer auf unbekanntem Terrain: Bin ich ein Auswanderer-Typ? Wie bereite ich mich auf eine Auswanderung vor? Wo finde ich die richtige Beratung? Welche Formalitäten gilt es zu beachten? Wie finde ich im Ausland Arbeit, wie eine Krankenversicherung, wie eine gute Schule für die Kinder?

Die folgenden Kapitel stellen aber nicht nur alle relevanten Informationen zum Auswandern bereit, sondern erzählen die Geschichte der Auswanderung, zeigen, wer überhaupt warum emigriert, und porträtieren die zehn beliebtesten Ziele deutscher Auswanderer sowie zehn Traumländer, die in ganz besonderer Weise als Gastland locken. Der umfangreiche Serviceteil fasst zudem die wichtigsten Adressen, Links und Beratungsstellen im In- und Ausland zusammen.

Machen Sie aus Ihrer Auswanderung eine Erfolgsgeschichte – dieses kompakte Handbuch ist Ihr Wegweiser für ein erfülltes Leben in der neuen Heimat!

Ihr wissenmedia Verlag

Inhalt

8 Der Traum vom Glück: Geschichte der Auswanderung

18 Es gibt viele gute Gründe: Motive der Auswanderer

28 Jung, dynamisch…: Gibt es typische Auswanderer?

38 Top Ten und Traumländer: 20 beliebte Ziele

110 Unumgängliche Formalitäten: Einreise und Jobsuche

**122 Wer plant, lebt besser:
Worauf Sie noch achten sollten**

**136 Grundkurs Alltag im Gastland:
So gelingt der Start**

**154 Auswandern im Alter:
Genießen oder Durchstarten**

**162 Von Au-pair bis Work & Travel:
Auswandern auf Zeit**

174 Nützliche Adressen und Links

188 Register/Abbildungsnachweis

Der Traum vom Glück: Geschichte der Auswanderung

Abenteuerlust, Hunger, religiöse oder politische Verfolgung: Im Laufe der Geschichte haben Menschen aus den verschiedensten Gründen ihre Heimat entweder freiwillig oder erzwungenermaßen verlassen. Dabei hofften alle auf eine Verbesserung ihrer Lebensumstände.

Vorhergehende Doppelseite: Das vor New York gelegene Ellis Island war bis Mitte des 20. Jahrhunderts die Hauptauffangstation für Einwanderer in die USA (großes Bild); deutsche Auswandererfamilie in Brasilien, 1927 (kleines Bild oben); hungernde Bauernfamilie in Irland, 1847 (kleines Bild unten).

Fast ganz Europa in Bewegung: Die Jahrhunderte der Völkerwanderung gelten als »dunkles Zeitalter«, in dem Krieg und Vertreibung regierten.

Das Phänomen Auswanderung beginnt lange vor jeder Form der Geschichtsschreibung und dem Auszug der Israeliten aus Ägypten. Bereits in der Steinzeit verließen unsere Vorfahren als Jäger und Nomaden ihre gewohnte Umgebung, um sich auf die Suche nach neuen Lebensräumen zu machen. Unter dem Zwang eines reduzierten Nahrungsangebots durch ständig steigende Bevölkerungszahlen eroberten die Menschen Stück für Stück den blauen Planeten. Anders als heutige Auswanderer konnten unsere Vorfahren allerdings nicht vorher noch schn einen Beratungstermin beim Raph elswerk vereinbaren oder sich bei Hausarzt über die notwendige Reiseschutzimpfungen informiere Sie konnten auch noch nicht na sämtlichen Informationen über d Reiseziel googeln.

Diese ersten Emigranten, die letz endlich auch den Weg für die m dernen Auswanderer bereitete waren komplett auf sich allein g stellt. Sie mussten ein vollkomm unbekanntes Terrain erobern. W

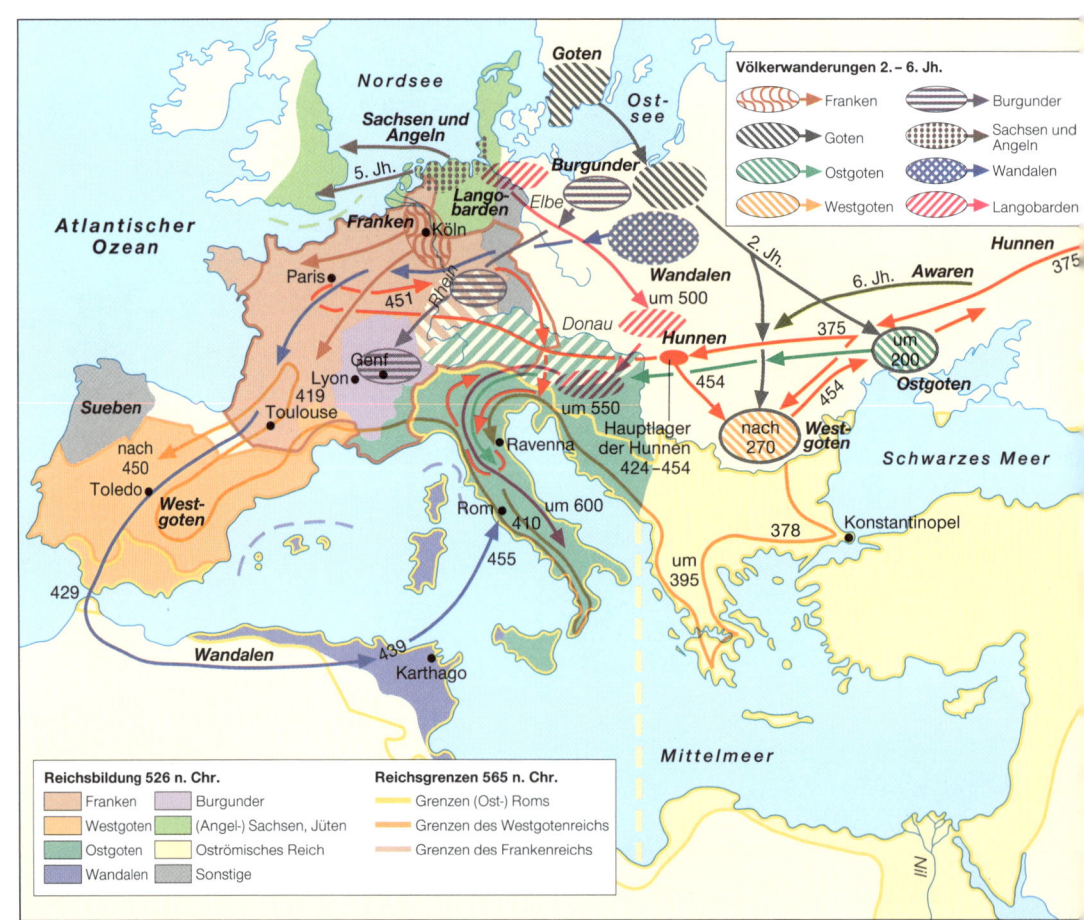

Der Traum vom Glück: Geschichte der Auswanderung

t sie an dieser gewaltigen Herausrderung gescheitert sind, wissen r heute nicht. Wir können nicht nmal erahnen, wie viele Menschen f ihrer Reise ins Unbekannte den d fanden. Sicher ist nur, dass zuindest ein kleiner Teil von ihnen aln Gefahren trotzte und sich erfolgich an ungewohnte Nahrung und ränderte klimatische Bedingungen passen konnte.

ampf um Lebensraum

uch in den folgenden Jahrtausenen blieb der Aufbruch ins Unbennte ein großes Wagnis. Immer ufiger traf der Mensch bei seiner usbreitung über die Erde nicht nur f unbekannte Tierarten und neue mweltbedingungen, sondern auch f dort bereits ansässige Artgenosn, die meist alles andere als erfreut er die neue Gesellschaft waren. chon der Cromagnonmensch ist ahrscheinlich aus Afrika nach Europa ngewandert und stieß hier auf den eandertaler. Es gibt allerdings keine onkreten Hinweise darauf, dass es vischen diesen beiden Gruppen zu ewaltsamen Auseinandersetzungen ekommen ist.

anz anders sieht die Situation während des Zeitalters der Völkerwanerung aus. Die Massenflucht ganer Volksgruppen, die erst mit dem nfall der Langobarden nach Italien n 6. Jahrhundert endete, war nicht lein geprägt von großer Mobilität, ondern auch von unzähligen kriegeschen Auseinandersetzungen und ertreibungen. Die Welt wurde zuseends kleiner und enger.

Vertreibung der Hugenotten

Zu den großen Auswanderungswellen der jüngeren Geschichtsschreibung gehört die Flucht der protestantischen Franzosen, den sogenannten Hugenotten, aus dem vorrevolutionären Frankreich. Nachdem unter

Religionsfreiheit als Auswanderungsmotiv: Der Sonnenkönig Ludwig XIV. nahm den französischen Protestanten alle religiösen und bürgerlichen Rechte und löste damit eine Massenflucht aus.

König Ludwig XIV. 1685 das Edikt von Nantes widerrufen wurde, das den Protestanten bisher die freie Religionsausübung zugesagt hatte, setzte eine Massenflucht von ungeahntem Ausmaß ein. Über 200 000 Menschen kehrten ihrer mehrheitlich katholisch geprägten Heimat den Rücken und machten sich auf zu neuen Ufern, obwohl ihnen die Auswanderung unter Androhung schwerer Strafen untersagt war. Stattdessen sollten sie zum katholischen Glauben konvertieren.

Die ausgewanderten Hugenotten verstreute es über die ganze Welt; sie ließen sich sogar auf dem afrikanischen Kontinent und in Amerika nieder. Die meisten von ihnen integrierten sich rasch in ihre neue Umwelt und befruchteten sie mit ihren handwerklichen und kaufmännischen Fähigkeiten. Einige Zehntausend suchten Sicherheit und wagten einen wirtschaftlichen Neuanfang auch auf protestantischem preußischem Boden. Denn während sich die Reformation in Frankreich gegen den Willen der Könige ausbreitete, richtete sich die Religionszugehörigkeit in Deutschland seit dem Religionsfrieden von Augsburg im Jahr 1555 nach dem jeweiligen Landesherrn. Ähnlich wie heute rannten auch damals schon erfahrene Handwerker in den Zielländern offene Türen ein. Für viele der gut ausgebildeten Hugenotten war es somit vergleichsweise einfach, in der neuen Heimat Fuß zu fassen.

Zeitgenössische Karikatur auf die gewaltsame Zwangsbekehrung der Hugenotten in Frankreich. Anstelle des erzwungenen Übertritts zum katholischen Glauben zogen viele die Auswanderung vor.

Religiös Verfolgte brechen auf zu neuen Ufern

Doch nicht nur französische Hugenotten machten sich auf die Suche nach einer neuen, lebenswerteren Umgebung. In Böhmen betrieb Ferdinand zu Beginn des 17. Jahrhunderts eine restriktive Politik gegenüber allen Nicht-Katholiken. Ein großer Teil des böhmischen Adels ergriff daraufhin die Flucht. In mehreren Wellen mussten die Protestanten nach dem »ius emigrandi«, dem Abzugsrecht, das Land verlassen, wenn sie nicht zum Glauben ihres Landesherrn konvertierten. Protestanten, denen die Flucht nicht gelang, wurden hingerichtet. Ähnliche Bewegungsströme löste auch der Dreißigjährige Krieg (1618–1648) aus. Hunger und Krieg trieben die Menschen zur Mobilität. Der größtenteils zerstörte Südwesten Deutschlands wurde damals vor allem durch Emigranten aus der Schweiz wieder aufgebaut, die in ihrer Heimat keinen Arbeitsplatz gefunden hatten.

Nahezu 200 Jahre sahen sich europäische Protestanten der Verfolgung ausgesetzt und mussten aus der Not heraus ihre Heimat verlassen. Auch die ersten Siedler, die sich in Amerika niederließen, waren zum Großteil religiös Verfolgte. Die Gründung von Pennsylvania geht auf den englischen Quäker William Penn zurück.

Religiöse Verfolgungen gab es auch auf der Iberischen Halbinsel. Dort wurden Ende des 15. Jahrhunderts im Zuge der Reconquista, der katholischen Rückeroberung, Juden und Mauren des Landes verwiesen.

Der Traum vom Glück: Geschichte der Auswanderung

Katastrophale Hungerkrisen lösen Exodus aus

Natürlich steht die Geschichte der Auswanderung nicht nur synonym für Flucht und Vertreibung. Häufig waren auch wirtschaftliche Gründe und manchmal auch die nackte Angst vor dem Verhungern die Antriebsfeder. Ein ganz besonders dramatisches Beispiel hierfür ist Irland. Die grüne Insel, die heute ein attraktives Ziel für zahlreiche Einwanderer darstellt, erlebte im 19. Jahrhundert einen Massenexodus. In den Jahren 1845 bis 1849 bedrohte die Kartoffelpest das Land. In Folge mehrerer Missernten verhungerte nahezu die Hälfte der Bevölkerung. Weitere ein bis zwei Millionen Menschen verließen das Land, um dem Hungertod zu entkommen. Die Mehrzahl der Flüchtlinge wanderte in die USA aus. »The Great Famine«, die große Hungersnot, ist bis heute eine der schlimmsten Katastrophen in der Geschichte Irlands.

So bestätigt die Geschichte der Auswanderung eine der wesentlichen Erkenntnisse moderner Psychologie zur Motivationsforschung. <u>Die sogenannte Mangeltheorie geht davon aus, dass es vor allem tatsächliche oder auch nur empfundene Defizite sind, die Menschen zum Aufbruch zu immer neuen Zielen leiten und treiben.</u>

Deutschland als Ein- und Auswanderungsland

Historisch betrachtet erscheint die aktuelle Diskussion, ob Deutschland ein Einwanderungsland ist oder nicht, völlig an der Realität vorbei zu gehen. Deutschland war und ist in seiner Geschichte immer beides gewesen: Es war Einwanderungsland für Men-

---

Große Auswanderbewegungen

- Nomadenstämme auf der Suche nach neuen Lebensräumen
- Protestantenverfolgung in Europa, zum Beispiel Hugenotten
- Massenflucht nach dem Ende des Dreißigjährigen Krieges
- Hungersnot in Irland Mitte des 19. Jahrhunderts
- Kalifornischer Goldrausch, 1848
- Flucht vor dem NS-Regime, 1933–1941

Missernten in Folge der Kartoffelpest lösten in Irland Mitte des 19. Jahrhunderts eine unbeschreibliche Hungersnot aus. Um das Überleben zu sichern, wanderten viele Iren vor allem in die USA aus.

Glücksritter in Amerika: Die Verlockung schnellen und unerschöpflichen Reichtums lockte Hunderttausende in die Minen und an die Flussläufe zum Goldschürfen.

schen aus zahlreichen Nationen und es ist parallel dazu immer auch eines der großen Auswanderungsländer gewesen. Viele Deutsche zog es nach Osteuropa bis in den Süden Russlands. Mit der Zeit gewannen auch die USA zunehmend an Popularität. Als Deutschland in der Mitte des 19. Jahrhunderts von einer schweren Wirtschaftskrise und politischen Unruhen geschüttelt wurde, kam es zu einem Massenexodus in Richtung USA, der an die großen Ströme der Völkerwanderung erinnerte. Beflügelt wurde der Exodus Richtung Ameri durch den Boom, den der kalifo nische Goldrausch auslöste.

Ab Januar 1848 zogen unzähli Abenteurer und Träumer nach Ka fornien, um an den Flussläufen na Gold zu schürfen. Hunderttausen hofften, in der Neuen Welt als Gol gräber ihr Glück machen zu könne Die großen Verlierer in den wenig Jahren, die der Goldrausch dauer waren die Ureinwohner des Land Die Indianer wurden reihenwei

Der Traum vom Glück: Geschichte der Auswanderung

rch eingeschleppte Krankheiten, er auch durch Massaker dezimiert. r die meisten Goldsucher ende- der Traum vom unermesslichen ichtum mit einem bösen Erwachen. reits Mitte der 1850er Jahre wurde s Gold industriell abgebaut. Der ro- antische Goldschürfer, der Tag um g sein Sieb nach den begehrten uggets durchsuchte, hatte endgül- ausgedient.

merika als Traumziel

o mit oder ohne Aussicht auf Gold die USA übten in der zweiten Hälf- des 19. Jahrhunderts eine magische nziehungskraft auf auswanderwillige eutsche aus. Bis zum Ende des Jahr- nderts stieg ihre Zahl auf mehrere illionen. Anders als 100 Jahre zuvor aren es vor allem wirtschaftliche und nach dem Scheitern der Revolution n 1848 – auch politische Gründe, e zu einer Massenbewegung führten, e in mehreren Schüben ablief.

ährend des Amerikanischen Bür- rkriegs (1861–1865) waren die ahlen verständlicherweise stark ckläufig, stiegen dann jedoch wie- er sprunghaft an. Ihren Höhepunkt reichte die damalige Auswande- ngswelle in den 1890er Jahren. och einmal zog es nahezu eine illion Deutsche über den großen ich. Die meisten von ihnen lie- en sich in den USA nieder, einige rschlug es aber auch nach Kanada d in südamerikanische Länder wie raguay oder Chile. Sie integrierten ch rasch in die neue Umgebung. diglich einige Glaubensgruppen, m Beispiel die Amish-Brüder und die Mennoniten, halten bis heute noch an ihrem Brauchtum und an ihrer Muttersprache fest.

Deutsche Einflüsse in den USA

In Carl Schurz hatten die Deutsch-Amerikaner ihren ersten Helden, der es in der neuen Heimat zu hohem Ansehen brachte. Seine ersten politischen Meriten sammelte er während der Wahlkampfunterstützung von Abraham Lincoln. Später brachte er es zum US-Gesandten in Spanien und während des Bürgerkriegs zum Brigadegeneral. Präsident Rutherford Hayes ernannte Schurz schließlich zum Innenminister der USA.

Heute haben über 40 Millionen US-Amerikaner deutsche Wurzeln. Die meisten ihrer Vorfahren ließen sich in Kalifornien nieder. Aber auch im sogenannten »German Belt«, der die Bundesstaaten Wisconsin, Minnesota, North Dakota, South

Der im Jahr 1829 in Liblar bei Köln geborene Carl Schurz fand nach der Revolution von 1848 in den USA politisches Exil. Er nahm als erster gebürtiger Deutsche wichtige Funktionen in der amerikanischen Politik wahr.

Nico Schnobl
Akron/Baltimore, USA

»Mein Traum war es immer schon, in den USA zu leben bzw. für einen längeren Zeitraum dort zu sein, als nur für einen Urlaub. Außerdem war es mir sehr wichtig, mein Englisch zu verbessern und den American Way of Life selbst zu leben.«

Dakota, Nebraska und Iowa umfasst, findet sich ein hoher Anteil deutschstämmiger Amerikaner.

Trotz zahlreicher Amerikaner mit deutschen Wurzeln handelt es sich bei der immer wieder gern kolportierten Geschichte, dass Deutsch um ein Haar zur Landessprache der USA avanciert wäre, um eine Legende. Die dabei angeführte Abstimmung im Parlament des Staates Pennsylvania, bei der es lediglich an einer Stimme – noch dazu der eines Deutsch-Amerikaners – gefehlt habe, hat es tatsächlich nie gegeben. Trotzdem ist die Geschichte der deutschen Auswanderer auf diesem Kontinent allgegenwärtig. Städte mit deutschen Namen oder deutsche Folklore begegnen dem Reisenden überall dort, wo sich einst deutsche Auswanderer niedergelassen haben. Auch wenn sich Deutsch nicht als Amtssprache durchsetzen konnte, steht es doch heute auf der Rangliste der beliebtesten Fremdsprachen b jungen Amerikanern auf Rang d hinter Spanisch und Französisch.

Neuanfang in der Fremde

Auch im 20. Jahrhundert gab mehrere Auswanderungswellen a Deutschland, die erneut die USA zu wichtigsten Ziel hatten. Während d NS-Herrschaft waren es vor allem J den, die vor dem Terrorregime d Nationalsozialisten flohen oder z Flucht gezwungen wurden, wob große Teile ihres Vermögens einb halten wurden. 1941 wurde ihnen doch durch ein Auswanderungsverb diese Chance auf einen Neuanfa endgültig genommen.

Nach dem Ende des Zweiten We kriegs stiegen die Auswandererzahl in Deutschland erneut sprunghaft a In den komplett zerstörten Städt waren die Menschen von Hung Massenarbeitslosigkeit und akute

Amish-Brüder in Pennsylvania: Die Mitglieder dieser christlichen Religionsgemeinschaft, die sich der Moderne verweigern, stammen überwiegend von Deutschschweizern und Süddeutschen ab.

Der Traum vom Glück: Geschichte der Auswanderung

Familie Balke
Schweden

»Wir sind ausgewandert, da unsere Kinder hier eine bessere Schulbildung und ein besseres Leben erwarten; die Schweden sind sehr kinderfreundlich. Außerdem hat mein Mann hier eine sichere Arbeitsstelle zu menschlichen Bedingungen und ist nicht nur eine Nummer. Noch ein Grund ist die wunderschöne unberührte Natur, in der wir uns sehr wohl fühlen.«

ohnraummangel betroffen. Insbendere junge Menschen unter 30 und che, die nach dem Krieg aus den emaligen deutschen Ostprovinzen d anderen deutschen Siedlungsgeeten als Vertriebene und Flüchtlinge die Bundesrepublik Deutschland kommen waren, hatten großes Inesse daran, sich in einem anderen d eine neue Existenz aufzubauen. ischen 1945 und 1950 wanderten va 150 000 Deutsche legal oder ilal aus; hinzu kamen rund 500 000 splaced Persons, von Deutschen r ihren Verbündeten verschleppte enschen, die sich bei Kriegsende im biet des Deutschen Reiches auflten und dann zum Teil in andere der auswanderten. Zu den beliebten Auswanderungsländern zählten USA, Australien und Brasilien. Die fnahmemöglichkeiten in Übersee en jedoch beschränkt. Viele Staaten mmen nur Emigranten auf, die nahe wandte in dem Land hatten. Ande-

re setzten Aufnahmequoten fest oder ließen nur bestimmte Berufsgruppen, vor allem Handwerker, einwandern.

Neben den USA wurde Australien immer beliebter. Dessen Behörden setzen auf eine aktive Einwanderungspolitik, um mehr qualifizierte Arbeitskräfte in das riesige Land zu locken, das zwar mehr als 20-mal so groß wie die Bundesrepublik Deutschland ist, dessen Einwohnerzahl aber nur etwa ein Viertel beträgt. Mittlerweile sind knapp 4 % der rund 21 Millionen Australier deutscher Herkunft.

Über die Jahrtausende gab es die unterschiedlichsten Gründe, warum Menschen ihre vertraute Umgebung verlassen und einen Neuanfang in der Fremde gewagt haben. Ein wesentliches Kriterium blieb jedoch immer gleich: Die Welt um sie herum änderte sich und erzwang so das Auswandern oder machte es erstrebenswert.

Es gibt viele gute Gründe: Motive der Auswanderer

Wer unzufrieden mit seinem beruflichen Umfeld oder dem nasskalten mitteleuropäischen Klima ist, träumt sicher manchmal davon, seinen Lebensunterhalt unbeschwert inmitten einer Postkartenidylle zu bestreiten. Immer mehr Deutsche wagen den Schritt und setzen ihren Auswanderungswunsch in die Tat um.

Vorhergehende Doppelseite: Paradiesische Arbeitsbedingungen: Fischer in Sansibar (großes Bild); Bundesagentur für Arbeit in Nürnberg (kleines Bild oben); Streik von Beschäftigten im öffentlichen Dienst in Gera (kleines Bild unten)

Hand aufs Herz: Haben Sie auch schon einmal ans Auswandern gedacht? Wahrscheinlich, sonst hätten Sie sich für eine andere Lektüre entschieden. Allein sind Sie mit dieser Wunschvorstellung nicht. Umfragen zufolge träumt rund ein Viertel aller Deutschen hin und wieder von einer Zukunft in einem anderen Land, von einem Leben ohne Dauerregen, ohne Stress und nach Möglichkeit auch ohne finanzielle Sorgen. Viele verbinden mit dem Auswandern die Hoffnung, die Karten des Lebens noch einmal neu zu mischen und aus der Tristesse des Alltags und des beruflichen Trotts auszubrechen. Doch sind das tatsächlich die einzigen Gründe, die Menschen bewegen, sich ein neues Leben fernab der Heim aufzubauen? Bringt nicht gerade e dermaßen einschneidendes Erlebr erst Recht ein hohes Maß an Stre und Unsicherheit mit sich? Immerh geht es nicht nur ein paar Häuserbloc weiter wie bei einem herkömmlich Umzug. Auswandern steht vielfach f den Verlust der meisten Bindung und Sicherheiten, die man sich bis diesem Zeitpunkt im Leben aufgeba hat. Das gilt selbst dann, wenn man si die Option für eine spätere Rückke offengehalten hat.

Den meisten unter uns drängen si die Bilder von einem Neuanfang Ausland meist in ganz bestimmt Situationen auf. Im Urlaub unter sü licher Sonne, genüsslich an einem E presso nippend, ist der Wunsch n allzu verständlich, diesen Mome des Glücks dauerhaft festhalten wollen. Die Alltagssorgen schein in diesem Augenblick weit entfer zu sein. Andere Auslöser können c drohende Verlust des Arbeitsplatz sein, fehlende Zukunftsperspektiv oder auch reine Abenteuerlust. Do für die meisten Deutschen bleibt bei der schönen Vorstellung von ner besseren oder vielleicht auch r anderen Zukunft.

Auswanderung nimmt stetig zu

Allerdings wächst die Zahl derer, tatsächlich ihr Bündel schnüren u Deutschland den Rücken kehren, v Jahr zu Jahr. Nach Angaben des S tistischen Bundesamtes zog es all im Jahr 2007 161 105 Bundesbürg ins Ausland. Damit erreicht die A wanderung einen neuen Höchststa

Immer mehr Deutsche wandern aus

Jahr	Anzahl
2001	109 507
2002	117 683
2003	127 267
2004	144 815
2005	150 667
2006	155 290
2007	161 105

Quelle: Statistisches Bundesamt

Es gibt viele gute Gründe: Motive der Auswanderer

eit Ende des Zweiten Weltkriegs. /as damals oft aus reiner Not heraus eschah, mag heute auf den ersten lick verwundern. Warum verlässt mand freiwillig ein Land, das seien Einwohnern Freiheiten und ein oziales Sicherungsnetz bietet wie aum ein anderer Staat auf der Welt? ie Angst vor dem beruflichen Scheiern kann es kaum sein, es sei denn, er potenzielle Auswanderer hat sich ber die Verhältnisse in der künftigen eimat nicht ausreichend informiert. /ährend die Sozialleistungen in den eisten EU-Staaten vergleichbar mit nen in Deutschland sind, gibt es viele ßereuropäische Zielländer, in denen s nur eine sehr geringe Absicherung bt. Wird jemand in einem dieser änder arbeitslos, könnte er seinen ntschluss zum Auswandern schnell ereuen und sich nach dem Sozialaat Bundesrepublik Deutschland zuücksehnen. Beispielsweise erhalten rbeitslose in den USA maximal 26 Wochen lang eine Unterstützung und werden danach sofort zu einem Fall für die Sozialhilfe, wenn es ihnen nicht gelingt, ein neues Beschäftigungsverhältnis einzugehen. Die durchschnittliche Unterstützung während der ersten 26 Wochen liegt bei mageren 50 % des letzten Nettolohns.

Für viele Eltern ist die Hoffnung auf bessere Zukunftsaussichten für ihre Kinder eines der wichtigsten Motive, um einen Neuanfang im Ausland zu wagen.

Familie Broeder
Indien

»Man darf niemals das neue Land mit der alten Heimat vergleichen. Das wird nicht funktionieren, da Deutschland im Gegensatz zu den meisten anderen Ländern (natürlich mit Ausnahme der nordeuropäischen Länder) reibungsloser funktioniert und in den meisten Dingen einfach wirklich besser ist. Denjenigen, die ohne Job, finanzielle Mittel und – ganz wichtig – ohne Kenntnisse der Landessprache auswandern wollen, kann ich nur den Tipp geben, in Deutschland zu bleiben: In kaum einem Land versorgt der Staat einen besser als in Deutschland.«

Wirtschaftliche Gründe wie ein höheres Einkommen oder niedrigere Steuern sind vor allem für jüngere Menschen ausschlaggebend bei der Wahl des Auswanderungslandes.

In vielen Ländern ist auch der Gang zum Arzt keine Selbstverständlichkeit, da es entweder kein funktionierendes Gesundheitssystem gibt, oder sich nur ein Teil der Bevölkerung eine Krankenversicherung leisten kann. Ohne ausreichenden Versicherungsschutz können selbst harmlose Erkrankungen zu einer finanziellen Katastrophe weden. Diese Tatsache stellt Deutsch die an das Rundum-Sorglos-Pake gewöhnt sind, vor neue Herausfordrungen. Als Auswanderer muss ma – abhängig vom Zielland – nicht n liebgewordene Beziehungen kappe sondern auch einige Sicherheitsleine Der Wunsch nach der Geborgenhe in einem sich um alles kümmernde Sozialstaat scheint jedoch für deusche Auswanderer gegenwärt ohnehin nicht im Mitte punkt zu stehen.

Karrierechancer und mildes Klima

Religiös-kulturel Gründe, die in frühere Jahrhunderten oftma große Auswanderung wellen ausgelöst habe – wie die Emigratio der Protestanten au Böhmen im 17. Jahrhu

Es gibt viele gute Gründe: Motive der Auswanderer

...ert oder die Flucht von rund 250 000 Hugenotten aus Frankreich – spielen heute zumindest bei deutschen Auswanderern keine Rolle mehr. Auch politisch verfolgt muss sich in Deutschland niemand fühlen. In den 1930er Jahren war das noch ganz anders. Viele Deutsche entkamen dem Terror der Nationalsozialisten nur durch die Flucht ins Ausland.

Tatsächlich sind es vor allem wirtschaftliche und persönliche Ursachen, die für den aktuellen Auswanderungstrend verantwortlich sind. Während sich jüngere Menschen, die mit großem Abstand die Mehrzahl der Auswanderer stellen, vor allem von besseren Arbeitsbedingungen locken lassen, scheinen sich ältere Auswanderer im letzten Lebensdrittel dagegen den Traum vom nicht enden wollenden Urlaub erfüllen zu wollen. Dafür sprechen auch die Statistiken. Die Jungen, die ihre berufliche Karriere noch vor sich haben, ziehen vor allem in Länder mit verlockenden Arbeitsangeboten, selbst wenn das Wetter dort noch schlechter ist als in Deutschland. Die über 50-Jährigen hingegen suchen sich bewusst wärmere Länder aus. So steht bei ihnen das sonnige Urlaubsland Spanien ganz oben auf der Liste der begehrtesten Ziele. Die Jüngeren wandern dagegen vor allem in die Schweiz und nach Österreich. Hier kann man zwar auch einen schönen Urlaub verbringen, eine Sonnengarantie bieten die beiden Alpenländer indes nicht.

Natürlich übt auch die Öffnung der Grenzen und die damit einhergehende Mobilität innerhalb Europas einen zusätzlichen Reiz aus. Hier arbeiten, jenseits der Grenze wohnen – das ist heutzutage kein Problem mehr. Damit lassen sich möglicherweise sogar die Lebenshaltungskosten reduzieren und Steuern sparen.

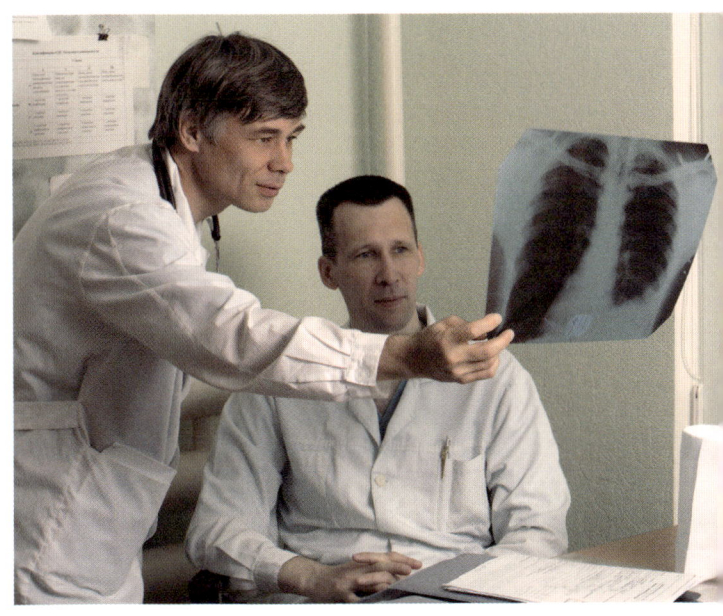

Verwirklichung eines Traums

Gerade in jüngeren Jahren gehen das Streben nach einer beruflichen Karriere und die Lust auf Abenteuer oft Hand in Hand. So auch bei dem 26-jährigen Diplom-Ingenieur Andreas Schur. Nachdem er sich während eines Aufbausemesters im kalifornischen San Diego in Land und Leute verliebte, pendelte er in den folgenden Monaten mehrfach zwischen Deutschland und den USA hin und her, bis er sich schließlich entschloss, in seiner Heimat alle Zelte abzureißen und ganz nach Südkalifornien zu ziehen. Für dieses Abenteuer war

Menschen mit hohen beruflichen Qualifikationen, wie beispielsweise Ärzte, werden in fast allen Ländern mit offenen Armen empfangen. Sie können sich dort niederlassen, wo sie die besten Bedingungen vorfinden.

Arbeitslose Deutsche in den 1930er Jahren: Die große finanzielle Not zwang damals viele Menschen trotz hoher Risiken dazu, ihr Glück in einem anderen Land zu suchen.

der junge Mann gut gerüstet. Wohnungs- und Arbeitssuche waren schon im Vorfeld geregelt, so dass der letzte Schritt, die Veräußerung des Hab und Guts in Deutschland, nur noch ein überschaubares Risiko barg. Dass der Diplom-Ingenieur die Sprache seiner Wahlheimat fließend spricht, versteht sich bei der guten Planung schon fas[t] von selbst. Warum er der gewohnte[n] Umgebung Adieu gesagt hat? Sein[e] Wahlheimat bietet ihm neben erst[en] klassigen Arbeitsbedingungen un[d] attraktiven Aufstiegschancen auc[h] ein ganzjährig mediterranes Klima m[it] nahezu unbegrenzten Möglichkeite[n] der Freizeitgestaltung. Im Süden lieg[t] Mexiko in Reichweite, Richtung Nor[den] den sind es nur einige Autostunden i[n] die Metropole Los Angeles. Innerhal[b] weniger Monate hat sich der jung[e] Auswanderer zielstrebig und mit gro[ßer] ßer Entschlossenheit seinen Traum von der großen, weiten Welt erfüllt.

Auswandern gestern und heute

Dieses Beispiel verdeutlicht den Aus[wanderer-Typus moderner Prägung. Begriffe wie Glück und Zufall spiele[n] beim Zurechtkommen in der neue[n] Umgebung nur noch eine unter[ge]ordnete Rolle. Die Welt ist im 2[1.

Warum Deutsche auswandern
(Mehrfachnennungen möglich)

• bessere Berufs- und Einkommensperspektiven	68 %
• Einkommens- und Beschäftigungssituation*	53 %
• bessere Möglichkeit zur Verwirklichung von Werten/Vorstellungen	39 %
• höhere Lebensqualität im Zielland	39 %
• zu hohe Steuern und Abgaben in Deutschland*	38 %
• zu viel Bürokratie in Deutschland*	31 %
• höherer Lebensstandard	27 %
• fehlende Toleranz- und Gestaltungsfreiheit*	25 %

*2007; Quelle: Wirtschaftswoche, 23.06.2008

Es gibt viele gute Gründe: Motive der Auswanderer

...hrhundert so nah zusammenge-...ckt, dass Menschen sich heute pro-...emlos selbst mit den entferntesten ...ndern auf Urlaubsreisen vertraut ...achen können, bevor sie sich tat-...chlich zu dem großen Schritt ent-...hließen. Bleiben dennoch Fragen ...fen, bieten Anlaufstellen wie das ...aphaelswerk oder das Auswärtige ...mt kompetente Antworten und ...ehen dem Auswanderungswilligen ...it Rat und Tat zur Seite.

...a sahen sich die Auswanderer ...üherer Jahrhunderte noch mit ganz ...nderen Herausforderungen konfron-...ert. Sie hatten oftmals keine Ah-...ung, was sie am Ende ihrer teilweise ...efahrvollen Reise erwartete. Ihre ...nzige Triebfeder war die Hoffnung ...uf ein besseres, menschenwürdigeres ...eben. Die Chance, ihre Heimat oder ...e zurückgebliebenen Freunde und ...milienmitglieder jemals wiederzu-...hen, lag in den meisten Fällen bei ...ull. Distanzen, die sich heutzutage ...it dem Flugzeug problemlos in eini-...en Stunden zurücklegen lassen, nah-...en früher Wochen und Monate in ...nspruch. Die Kosten für die Fahrt ins ...eue Heimatland verschlangen meist ...e gesamten Ersparnisse. Nicht sel-...n wurde der Versuch auszuwandern ...it dem Leben bezahlt. Bis ins 19. ...hrhundert starb nahezu die Hälfte ...er Auswanderer auf der Überfahrt ... die USA – das damals mit Abstand ...edeutendste Zielland.

...eziehungspflege via Internet

...olche Probleme kennen die heu-...gen Auswanderer nicht. Egal, ob ...e der besser bezahlte Job in die Fremde zieht, das Klima, die größere berufliche Mobilität innerhalb der Europäischen Union oder die Urlaubsbekanntschaft, die zur großen Liebe wird – die Tür zur alten Heimat fällt nie endgültig ins Schloss. Nicht einmal die Bande zur Familie und den Freunden müssen komplett gekappt werden. Überschaubare Preise für Flugtickets machen selbst große Distanzen ohne Probleme überwindbar. Ganz zu schweigen vom Internet und seinen Möglichkeiten: Via E-Mail samt angehängten Fotos und Videoclips können die alten Bekannten trotz großer Entfernungen genauso gut auf dem Laufenden gehalten wer-

Monika Morgenweck & Oliver Baumgart
Florida, USA

»Das Positive überwiegt und wir verspüren keinerlei Heimweh, da das Internet auch sehr viele Möglichkeiten bietet, Kontakt mit den Daheimgebliebenen zu halten.«

den, als würden sie gleich um die Ecke wohnen. Gerade aufgrund dieser virtuellen Nähe zwischen Auswanderern und Zurückgebliebenen gehen Experten davon aus, dass die Zahl der Emigranten in Zukunft weiter steigen könnte.

Jörg Gerstmann & Andrea Schor
Carriacou, Karibik
»Wir sind ausgewandert, weil wir schon immer in einem Land ohne Winter leben wollten und uns Deutschland im Laufe der Jahre zu eng und zu reglementiert wurde. Wir sind auch immer auf der Suche nach neuen Herausforderungen.«

Eine gute Ausbildung ist auch im Ausland der Schlüssel zum Erfolg. Gering Qualifizierte haben überall auf der Welt viel schlechtere Aussichten auf einen akzeptablen Lebensstandard.

Menschen, die sich erfolgreich in einer neuen Umgebung niederlassen, üben auch eine starke Sogwirkung auf Freunde und Bekannte in der alten Heimat aus. Das Phänomen ist nicht neu. Ähnliches ließ sich auch bei den ersten Gastarbeitern beobachten, die seit den 1950er Jahren zum Beispiel aus Italien oder Griechenland nach Deutschland kamen. Sie hatten Vor- bildcharakter und lösten so eine Z zugswelle aus. Heute darf eine no weitaus größere Sogwirkung vermut werden, da die Daheimgeblieben viel intensiver am Alltag der Auswa derer teilhaben können. Da erschei das Leben in Australien, Neuseelar oder im amerikanischen Mittelweste plötzlich gar nicht mehr so weit we Dadurch reduziert sich die natürlich Hemmschwelle, die vertraute Ur gebung zu verlassen. Kommen dar noch private Probleme oder Sorge um den Arbeitsplatz hinzu, fällt d Entscheidung viel leichter, da man nicht der Erste ist, der in die Frem aufbricht.

Eine hohe Berufsqualifikation zahlt sich aus

Allerdings stellen diejenigen, die d Land verlassen, weil sie hier mit de Rücken zur Wand stehen, nur ei Minderheit dar. Die Mehrzahl der Au wanderer befindet sich in einer stark

Es gibt viele gute Gründe: Motive der Auswanderer

osition. Sie werden aufgrund ihrer beruflichen Qualifikationen weltweit umworben und können sich ihre neue Heimat in aller Ruhe auswählen. Welche Berufe wo in der Welt besonders begehrt sind, erfahren Sie in einem späteren Kapitel. Eines jedoch schon vorweg: In den meisten Einwanderungsländern geht es nicht viel anders zu als hierzulande. Je höher die berufliche Qualifikation, desto besser stehen die Chancen am Arbeitsmarkt.

Mängel in Deutschland

Doch ist es nur die Ferne, die lockt, oder nicht auch ein wenig die alte Heimat, die immer mehr Menschen vertreibt? Unabhängig von den individuellen Gründen ist die Auswanderungsbewegung, die wir schon seit Jahren erleben, ein Kompliment für die aktuellen Arbeits- und Lebensbedingungen in Deutschland. Dabei ist es ganz egal, ob es sich dabei um tatsächliche oder nur empfundene Mängel handelt. Gerade in einer Zeit, in der etwa das Verhältnis zwischen Rentenbeziehern und der arbeitenden Bevölkerung immer mehr aus den Fugen gerät, muss man sich fragen, warum Politik und Wirtschaft nicht für neue Anreize sorgen, die auch das Daheimbleiben für viele wieder interessanter machen würden. Für besonders dramatisch halten einige Wissenschaftler den Trend, dass immer mehr hoch qualifizierte Menschen ins Ausland gehen. Wie lange kann es sich eine Gesellschaft leisten, ihre besten Köpfe ziehen zu lassen? Doch bislang scheinen sowohl die deutsche Politik als auch die Wissenschaft das Phänomen Auswanderung zu ignorieren.

Dicke Regenwolken hängen über dem Marienplatz in München: Das Schmuddelwetter in Deutschland bestärkt viele Menschen darin, in wärmere Gefilde zu fliehen.

Jung, dynamisch…: Gibt es typische Auswanderer?

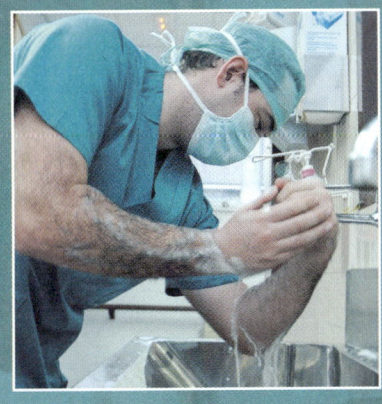

Unter den Berufstätigen suchen vor allem Handwerker und Mediziner ihr Glück im Ausland. Ihre beruflichen Qualifikationen erleichtern ihnen den Neustart im Ausland. Aber auch immer mehr Rentner bevorzugen es, ihren Lebensabend in wärmeren Gefilden zu verbringen.

Vorhergehende Doppelseite: Die meisten Auswanderer nehmen einen Großteil ihres Hab und Guts mit in die neue Heimat (großes Bild); Schreiner bei der Arbeit (kleines Bild oben); ein Chirurg beim Desinfizieren vor einer Operation (kleines Bild unten).

Im Vergleich mit den Auswanderern zurückliegender Jahrhunderte ist es heute relativ risikoarm, im Ausland einen Neuanfang zu wagen. Bis zum Beginn des 19. Jahrhunderts wurden die Menschen auf ihrem Weg nach Amerika in den großen Frachtern unter Deck wie Vieh weggesperrt. Verpflegung? Fehlanzeige! Dafür waren die Auswanderer selbst verantwortlich. Das brachte ohne gro-

ßen Aufwand Geld in die Kasse der Reeder, die auf der Hinfahrt Waren nach Europa brachten und auf dem Rückweg die nun leeren Lagerräume mit Auswanderern füllten. Dass dabei unzählige Menschen verhungerten oder durch Seuchen den Tod fanden, interessierte kaum jemanden.

Heute ist es vor allem eine Frage der Ausbildung und der Vorbereitung, wie gut die Chancen auf einen gelungenen Neuanfang in der Fremde stehen. Wie in anderen Bereichen scheint auch beim Auswandern d[as] Angebot die Nachfrage zu regel[n]. Der durchschnittliche Auswander[er] ist männlich, knapp über 30 u[nd] überdurchschnittlich gut ausgebilde[t]. Ihn lockt die Aussicht auf bessere Au[f]stiegsmöglichkeiten und ein attra[k]tiveres Gehalt. Nach einer Studie d[es] Forschungsinstituts Prognos sind übe[r] 80 % dieser Fach- und Führungskräf[te] Akademiker. Mehr als 20 % von ihne[n] gehören zur sogenannten Gruppe d[er] MINT-Berufe (Mathematik, Informa[-]tik, Naturwissenschaft, Technik). Kau[m] eine Rolle spielt der Typ des roman[-]tischen Träumers, an den viele bei[m] Thema Auswandern denken, und fü[r] den die Selbstverwirklichung im Mi[t]telpunkt seiner Bemühungen steht.

Unklares Bild über Auswanderer

Tatsächlich weiß man bislang jedoc[h] gar nicht so genau, wer auswandert un[d] warum. Zwar verlassen tatsächlich viel[e] Hochqualifizierte das Land, sie allei[n] reichen aber nicht, um die gewaltig[e] Zahl von rund 160 000 Auswanderer[n] allein im vergangenen Jahr zu erklä[-]ren. Norddeutschen scheint es deut[-]lich leichter zu fallen, zu neuen Ufer[n] aufzubrechen, als den eher bodenstän[-]digen Menschen aus Süddeutschland, aber ein wirklich konkretes Bild de[s] deutschen Auswanderers ergibt sic[h] auch daraus noch nicht.

Wissenschaftlich betrachtet gibt e[s] bislang kaum Anhaltspunkte, die e[s] erlauben würden, so etwas wie de[n] Idealtypus des deutschen Auswande[-]rers zu zeichnen. Das liegt vor allem daran, dass die Wissenschaft diese[s] weite Feld noch gar nicht für sich

Jung, dynamisch…: Gibt es typische Auswanderer?

tdeckt hat oder gerade erst damit ginnt. So weiß man, abgesehen von igen Eckdaten, nur wenig über die enschen, die ihrer Heimat den Rü- en kehren. Auch ihre Motive liegen eitgehend im Dunkeln und können t nur abgeleitet oder vermutet wer- en. Bekannt ist nur die Zahl derer, e sich offiziell abmelden, das Ziel- d sowie die dazugehörigen Daten e Alter, Geschlecht und Beruf. Wer h nicht offiziell abmeldet, wird von n Statistiken nicht erfasst.

lässt sich auch nicht genau sagen, e viele Deutsche richtige Auswan- erer sind. Der Definition entspre- end gehört dazu die Absicht, nicht eder in die alte Heimat zurückkeh- n zu wollen. Heimkehrer, die im elland aus welchen Gründen auch mer scheiterten und wieder den

Monika Morgenweck & Oliver Baumgart
Florida, USA

»Angst haben wir keine, da wir jederzeit unsere Entscheidung rückgängig machen könnten, um zurück nach Deutschland zu gehen. Wir sehen das ganze als Abenteuer und die Möglichkeit, uns selbst weiterzuentwickeln und Erfahrungen in einem anderen Land zu sammeln.«

Heimweg angetreten haben, gab es auch vor 100 Jahren schon. Doch damals stand am Anfang zumindest der Wille, für immer zu gehen. Das ist heute sicher bei vielen anders. Es ist auch erheblich einfacher gewor-

Informatiker können auch im Ausland im Berufsleben schnell Fuß fassen, da es in vielen Ländern zu wenig qualifizierte Computerspezialisten gibt.

den, für ein paar Jahre im Ausland zu arbeiten und dann zurückzukehren. Durch die Auslandserfahrung steigen zudem die Chancen am heimischen Arbeitsmarkt. Andererseits gehen immer mehr Menschen gerade mit dieser Vorstellung ins Ausland, bleiben dann aber für immer dort.

Vertrauen in die eigenen Talente
Möglicherweise gibt es so wenige Informationen über die Beweggründe der Auswanderer, weil es sich dabei um eine sehr persönliche Entscheidung handelt. Warum verlieben sich Menschen oder entscheiden sich für einen bestimmten Beruf? Fragen wie diese beantwortet man nur selten vor den Augen der Öffentlichkeit. Immerhin kann die Antwort den Rest des Lebens ganz schön verändern. Es gibt auch keinerlei Garantien dafür, dass diese Veränderung zum Positiven geschehen muss. Vielleicht lassen sich gerade an diesem Aspekt Ge-meinsamkeiten festmachen, die de typischen Auswanderer ausmache Die Zahlen erreichen zwar seit Ja ren immer wieder ein neues Rekor niveau, doch gemessen an der Za derer, die in bestimmten Leben phasen vom Auswandern träume stellen die tatsächlichen Auswa derer immer noch eine Minderhe dar. Diese letzte Hürde tatsächlich z nehmen, dazu bedarf es wohl ga besonderer Qualitäten. Zum eine gehört auf jeden Fall eine gehörig Portion Selbstvertrauen in die eig nen Fähigkeiten dazu. Wohin es eine auch immer zieht, ob man in Öste reich den Neuanfang wagt oder i fernen Australien, im Zielland ist ma weitgehend auf sich allein gestellt. D helfen nur eine gehörige Portion M und ein unbändiger Tatendrang.

Zudem benötigt man ein gutes Durch haltevermögen. Es ist kaum damit z rechnen, dass sich der Erfolg im neue

Goodbye Deutschland die Auswanderer

Alexander Berg & Sonja Körfer
Tansania

»Wir sind ausgewandert, weil wir in unserem Leben an einen Punkt gekommen sind, an dem wir uns entscheiden mussten, welchen Weg wir gehen wollen: ein konventionelles, sicheres Leben in Deutschland oder die risikoreiche Verwirklichung unseres Traums von einem Sporthotel irgendwo auf der Welt. Es war keine Flucht aus Deutschland, denn das ist und bleibt unsere Heimat, sondern wir haben hier in Ostafrika einfach den idealen Platz für unseren Traum gefunden.«

Jung, dynamisch…: Gibt es typische Auswanderer?

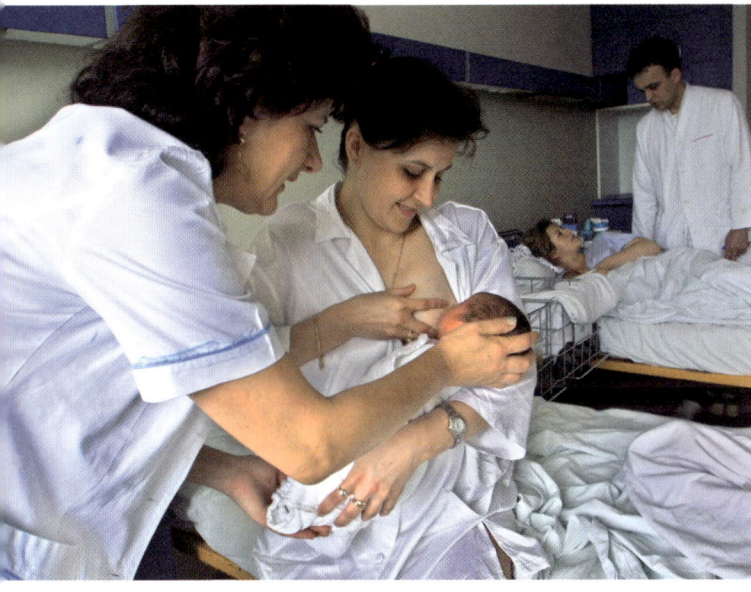

Ausgebildete Ärzte und Krankenschwestern finden fast in jedem Land eine adäquate Anstellung.

nd über Nacht einstellt. Vielleicht eten sich bessere Möglichkeiten als er, trotzdem wird man nirgendwo f der Welt hofiert, wenn man nicht vor seine Fähigkeiten ausreichend ter Beweis gestellt hat.

 guter Letzt braucht der Auswande- auch noch ein gewisses Maß an Ri- obereitschaft. Nicht in dem Maße, e das früher der Fall gewesen ist, nicht einmal sicher war, dass man s Land seiner Wahl auch lebend reichte, aber doch genug, um die cherheit der gewohnten Umgebung fzugeben. Völlig unterzugehen ist der Bundesrepublik Deutschland hezu unmöglich. Es sei denn, man rweigert sich komplett dem sozi- en Netz. Ansonsten ist zumindest s menschengerechte Überleben mer gesichert, ganz egal, was im ben auch alles schiefgegangen ist. einigen Zielländern ist das nicht der Fall. Wer in einem südamerikanischen Land oder auch in den USA scheitert, kann so tief fallen, wie das in Deutschland kaum möglich wäre.

Flexible Arbeitsmärkte

Im Grunde benötigen Auswanderer also Qualitäten, die auch hierzulande

Schweizer Auswanderer

Während die Schweiz heutzutage ein attraktives Ziel für zahlreiche ausländische Arbeitnehmer ist, wurde das Land in früheren Zeiten von regelrechten Auswanderungswellen heimgesucht. Allein von der Mitte des 19. Jahrhunderts bis zum Ersten Weltkrieg verließen an die 400 000 Schweizer die Alpenrepublik. Bittere Armut war in den meisten Fällen der Beweggrund. Viele Schweizer fanden in den USA eine neue Heimat.

Seit den letzten Jahren liegt die Zahl der schweizer Auswanderer ziemlich konstant bei knapp 30 000 Menschen pro Jahr. Zwischen 2001 und 2003 sank die Zahl sogar und stieg erst ab 2004 wieder leicht an. Die meisten im Ausland lebenden Schweizer arbeiten nur für einen begrenzten Zeitraum außerhalb des Heimatlandes. Das beliebteste Zielland ist Frankreich, dahinter folgen Deutschland und die USA.

ausreichen sollten, um ihnen zumindest beruflich alle Türen zu öffnen. Das ist allerdings oftmals nicht der Fall. Wer Deutschland mit einigen der wichtigsten Zielländer vergleicht, wird feststellen, dass sich der Arbeitsmarkt dort oft wesentlich flexibler gestaltet. Ein Geschichtsstudent in den USA muss nicht zwangsläufig die nächsten 35 Jahre als Historiker oder Geschichtslehrer verbringen. Amerikanischen Arbeitgebern reicht es völlig, wenn sie sehen, dass der Kandidat eine qualitativ hochwertige Ausbildung erfolgreich absolviert hat. Das zeigt Einsatzwillen, Intelligenz sowie Lernfähigkeit und befähigt automatisch dazu, als Quereinsteiger etwas völlig anderes zu machen. In amerikanischen Unternehmen setzt man viel mehr auf interne Learning-on-the-Job-Programme. Und dazu ist es völlig ausreichend, wenn man die entsprechende akademische Grundausbildung nachweisen kann und sich an seinem Arbeitsplatz bewährt.

Vorzüge von Selbstständigen

Wer in Deutschland in einer selbstständigen Tätigkeit scheitert, ist gebrandmarkt für den Rest seines Lebens. Fortan trägt er den Stempel des »Losers« in seinem Lebenslauf und wird sich schwertun, wieder in ein Angestelltenverhältnis übernommen zu werden. In den angloamerikanischen Ländern hat ein gescheiterter Selbstständiger dagegen einen völ[lig] anderen Stellenwert. Dort ist es kei[ne] Schande hinzufallen, viel wichtiger [ist] das anschließende Aufstehen. Auße[r-] dem geht man bei ehemaligen Unte[r-] nehmern automatisch davon aus, da[ss] sie in der Lage sind, selbstständig u[nd] motiviert zu arbeiten. Damit sind s[ie] eine Bereicherung für jede Firma.

Berufserfahrung von älteren Arbeitnehmern wird geschätzt

Die zum Teil völlig andere Einschä[t-] zung menschlicher Arbeitsleistu[ng] macht sich besonders stark bei ä[l-] teren Arbeitnehmern bemerkb[ar]. Während Menschen um die 50 od[er] gar darüber hinaus hierzulande zu[m] alten Eisen gehören und auf dem A[r-] beitsmarkt als schwer oder gar nic[ht] vermittelbar gelten, sind solche erfa[h-] renen Leute zum Beispiel in Skandi[na-] vien heiß begehrt. Kein Wunder, da[ss] auch jung gebliebene ältere Mensch[en] immer öfter den Neuanfang in eine[m] anderen Land in Erwägung ziehen u[nd] in einem zweiten Schritt auch in d[er] Tat umsetzen. Selbst wenn es uns d[ie] Medien manchmal weismachen w[ol-] len, schielt längst nicht jeder Arbe[it-] nehmer in diesem Alter schon m[it] einem Auge auf den Vorruhestar[t]. Arbeitslose dürfen sich in dem Alter [in] Deutschland kaum noch Hoffnung[en] auf eine neue Anstellung machen.

Man spricht heute nicht umsonst v[on] den jungen Alten. Die Generatio[n] der 50- und 60-Jährigen steht no[ch] mitten im Leben, ist vielfach sportli[ch] aktiv und kein bißchen müde. Auße[r-] dem haben die heute 50-Jährigen [im] Schnitt noch gut 30 weitere Jahre v[or]

Typische Auswanderer

- hoch qualifizierte Männer Anfang 30 (Mathematiker, Informatiker etc.)
- unternehmungslustige, vital gebliebene Ruheständler
- ältere Arbeitnehmer, die noch nicht aufs Abstellgleis geschoben werden wollen
- Abenteurer auf der Suche nach mehr Freiheit
- Mediziner mit dem Wunsch nach besseren Arbeitsbedingungen

Jung, dynamisch…: Gibt es typische Auswanderer?

ch. Nicht jeder hat Lust, diese vor em Fernseher oder mit Gartenarbeit verbringen. Viele Menschen sind dem Alter noch voller Energie und tendrang und brennen darauf, ihre ngjährigen beruflichen Erfahrungen öglichst lange einzusetzen. Da dies Deutschland nicht überall möglich , zieht es immer mehr Senioren in e Länder, wo die Fähigkeiten der

Ruhestand in sonnigen Gefilden

Der typische »Florida-Resident«, der seinen wohlverdienten Ruhestand in einem ganzjährig angenehmen Klima verbringen möchte, ist unter den Auswanderern auch vertreten, stellt aber nur eine überschaubare Minderheit dar. Dieser Auswanderer-Typ lebt dafür einen Traum, den fast jeder von uns schon einmal hatte: Mit dem Eintritt

Menschen, die ihren Ruhestand nicht in Deutschland verbringen möchten, zieht es meist in den Süden. Das bevorzugte Zielland ist Spanien.

teren Menschen geschätzt und ho- oriert werden. Dabei geht es meist cht mehr nur ums Geld, das bei den ngeren Auswanderern, die noch am eginn ihrer Laufbahn stehen, einen ðheren Stellenwert hat. Viel wich- ger ist die Anerkennung.

ins Rentenalter endlich raus aus dem ewigen Herbst Deutschlands und den letzten Lebensabschnitt irgendwo in einem Sonnenland verbringen. Diese Auswanderer entsprechen häufig dem Bild, das sich viele Menschen von Auswanderern machen.

Vorbilder aus der Vergangenheit

Für die heutigen Auswanderer gibt es eine Vielzahl von leuchtenden Vorbildern, denen ein erfolgreicher Neustart in ihrer Wahlheimat geglückt ist. Zu ihnen zählt beispielsweise Levi Strauss, der 1829 in der Nähe von Bamberg geboren wurde. Nachdem er in die USA ausgewandert war, erfand er dort die Jeans. Seine ebenso einfache wie geniale Idee war es, Nieten als Nahtverstärkung an derbe Arbeitshosen zu befestigen. 1873 ließ er sich seine Idee patentieren, 1890 gründete er sein Unternehmen »Levi Strauss & Company«. Die Jeans feierte fortan einen Siegeszug um die ganze Welt.

Ein deutscher Auswanderer änderte sogar den Blick der Menschheit auf das Universum. Der 1879 in Ulm geborene Albert Einstein ging zunächst in die Schweiz, deren Staatsbürgerschaft er 1901 annahm. Max Planck wurde auf den jungen Wissenschaftler aufmerksam und holte ihn nach Berlin. Nach der nationalsozialistischen Machtergreifung kehrte Einstein Deutschland für immer den Rücken und ließ sich in den USA nieder, wo er an der Universität Princeton seine bahnbrechende wissenschaftliche Arbeit fortsetzte. 1940 wurde Albert Einstein amerikanischer Staatsbürger. Als er 1955 im Alter von 76 Jahren starb, war er ein populärer Medienstar.

Auch zahlreiche Schweizer haben das Leben in ihrer neuen Heimat geprägt. So ist etwa der Schokoladenhersteller Milton Hershey ein Nachfahre von Schweizer Mennoniten, die nac Pennsylvania ausgewandert waren. D Gründer der Amish-Brüder war ebe falls ein Schweizer. Jakob Ammann tr aus der mennonitischen Gemeinscha aus, da sie sich seiner Meinung na nicht streng genug an der Bibel o entierte. Mit seinen Anhängern flo Ammann schließlich in die USA.

Gescheiterte Emigranten

Neben diesen Erfolgsgeschichten st hen die Schicksale jener Emigrante die in ihrer neuen Heimat nie richt Fuß fassen konnten. Journalisten ur Schriftsteller leben wie kaum eine a dere Berufsgruppe von ihrer Mutte sprache. Selbst nach Jahren im Ausla gelingt es nur den wenigsten Autore die Feinheiten einer neuen Sprach so zu beherrschen, dass sie in ihre alten Beruf reüssieren können. M dieser Herausforderung sahen sic zahlreiche Intellektuelle konfrontie die nach der Machtergreifung Ad Hitlers ins Ausland fliehen musste Zu dieser Gruppe von Emigranten g hörten zahlreiche Schriftsteller, die ihrer Heimat bereits sehr erfolgrei waren, wie beispielsweise Thom Mann. Für den stets politisch eng gierten Schriftsteller stand 1933 fe dass er von einer Auslandsreise nic mehr nach Deutschland zurückkehre würde. Nach Jahren der Irrfahrt dur Europa emigrierte er schließlich 19 in die USA. Zwar erhielt Thomas Ma an der Elite-Universität Princeton ei Stelle als Gastprofessor, doch richt heimisch wurde der Schriftsteller a der Ostküste nicht. 1941 zog es Ma in den Westen nach Kalifornien. Dr Jahre später nahm er sogar die Staa

Berühmte Emigranten (von links nach rechts): Albert Einstein, der Begründer der Relativitätstheorie, der in Budapest geborene Rabbiner Stephen Wise und der Schriftsteller Thomas Mann bei einer Filmvorführung in New York (1938)

Jung, dynamisch…: Gibt es typische Auswanderer?

Bilderbuchkarriere eines Auswanderers: Der aus Österreich stammende Hollywoodstar Arnold Schwarzenegger feiert 2003 mit seiner Ehefrau Maria Shriver den Sieg bei den kalifornischen Gouverneurswahlen.

ürgerschaft seiner neuen Heimat an nd erklärte öffentlich, nie wieder nach eutschland zurückzukehren. Als er ährend der sogenannten McCarthy-ra als Kommunist diffamiert und an-eklagt wurde, verließ er im Alter von 7 Jahren enttäuscht die USA und zog die Schweiz.

rfolgreich im Ausland

ie heutigen erfolgreichen Auswan- erer aus deutschsprachigen Ländern nd zum Glück nicht mehr auf der ucht vor Unfreiheit und Diktatur ihren Heimatstaaten. Zahlreiche ünstler zieht es ins Ausland, weil ort oftmals bessere Karrierechancen arten. Die beiden Magier Siegfried d Roy gingen nach Las Vegas und ntwickelten dort spektakuläre Shows it weißen Königstigern. Durch ihre uftritte wurden sie weltberühmt. uch der in Thal bei Graz geborene rnold Schwarzenegger hätte es in sei- m Geburtsland Österreich kaum so eit gebracht wie in seiner Wahlhei- at USA. Im Land der unbegrenzten Möglichkeiten vermarktete er zunächst seine Karriere als Bodybuilder, bevor er als Darsteller in zahlreichen Actionfilmen weltbekannt wurde und schließlich sogar in die Politik wechselte. Im Jahr 2003 wurde Schwarzenegger zum Gouverneur von Kalifornien gewählt. Überaus erfolgreich ist auch das aus Bergisch-Gladbach stammende Topmodell Heidi Klum. Sie hat ihre Zelte mittlerweile gemeinsam mit ihrem Ehemann, dem Sänger Seal, in Los Angeles aufgeschlagen.

Österreichische Auswanderer

Die Menschen in der Alpenrepublik sind bodenständig und heimatverbunden. Auswandern ist derzeit nur für wenige Österreicher ein Thema. Nach einem sprunghaften Anstieg auf 40 000 Wegzüge österreichischer Staatsangehöriger im Jahr 2002 sanken die Zahlen in der Folgezeit auf wenig mehr als 20 000 im Jahr. Damit ist nahezu der Stand von 1997 wieder erreicht. Die meisten Österreicher, die ihr Land verlassen, gehen für eine befristete Zeit als Arbeitnehmer ins Ausland. Darunter fallen unter anderem auch Angestellte in der gehobenen Gastronomie, wo häufig Wert auf eine internationale Ausbildung gelegt wird. Ein weiteres Motiv für einen Wohnortwechsel sind Beziehungen zu einem Lebenspartner aus einem anderen Land.

Top Ten und Traumländer: 20 beliebte Ziele

Wunderschöne Strände, viel Sonne, unberührte Landschaften, pulsierende Metropolen, aber auch Steuerfreiheit und gute Arbeitsbedingungen – die beliebtesten Zielländer sowie die Traumländer der Auswanderer decken ein breites Spektrum an Wunschvorstellungen ab.

Vorhergehende Doppelseite: Traumstrand auf den Malediven (großes Bild); Winteridyll am Arlberg in Österreich (kleines Bild oben); Spielerparadies Las Vegas (kleines Bild unten)

Die Mehrzahl der Deutschen, die ihrer Heimat den Rücken kehrt, zieht es nicht allzu weit fort. Unter den zehn beliebtesten Zielländern befinden sich sieben europäische Staaten. An der Spitze stehen dabei die beiden Nachbarländer Schweiz und Österreich. Eine große Anziehungskraft besitzen nach wie vor auch die klassischen Auswanderungsländer jenseits des Atlantiks, die USA und Kanada. Die folgende Auflistung stellt die Top Ten der Zielländer von deutschen Auswanderern aus dem Jahr 2007 vor.

SCHWEIZ

Auswandern und die Schweiz – das scheint auf den ersten Blick nicht unbedingt zusammenzupassen. Trotzdem wandern mehr Deutsche in den Alpenstaat aus, als in irgendein anderes Land. 2007 zog es mehr als 22 700 Deutsche in die Heimat Heidis und des Appenzellers. Da liegen die USA – immerhin auf Platz zwei der beliebtesten Auswanderungsländer – mit knapp über 14 000 Einwanderern aus Deutschland schon deutlich zurück. Keine Frage: Die landschaftliche Vielfalt des Landes, die liebenswerten Eidgenossen und die zahlreichen Möglichkeiten der Freizeitgestaltung machen die Schweiz zu einem attraktiven Urlaubsland. Eine nächtliche Fahrt durch den Gotthard-Straßentunnel versetzt auch weitgereiste Globetrotter immer wieder in ehrfürchtiges Staunen. Was der Mensch hier einer eher unwirtlichen Natur abgerungen hat, ist erstaunlich. Auch die Sauberkeit in der Schweiz ist legendär. Selbst nach tagelangen Schneefällen sind die Straßen blitzschnell geräumt. Anders als in weiten Teilen Deutschlands leidet der Verkehr unter den monatelangen winterlichen Verhältnissen fast gar nicht.

Doch diese Tatsachen allein können nicht der Grund für den hohen Auswanderanteil sein. Das angenehme Leben in dem wohlhabenden Land trägt sicher dazu bei, aber schöne Plätzchen gibt es auch bei uns. Was also lockt immer mehr Deutsche in unser Nach-

Die wichtigsten Fakten auf einen Blick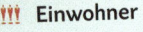

Einwohner	7,6 Millionen
Fläche	41 285 km²
Amtssprachen	Deutsch, Französisch, Italienisch, Rätoromanisch
Hauptstadt	Bern
Währung	Schweizer Franken (CHF) 1 € ≈ 1,5 CHF; 1 CHF ≈ 0,6 €
Zeitverschiebung (gegenüber MEZ)	–
Bruttoinlandsprodukt	333,9 Milliarden € (2007)
Bruttoinlandsprodukt je Einwohner	31 570 € (2007)

Top Ten und Traumländer: 20 beliebte Ziele

...rland? Noch dazu, wo die Schweiz ... eines der teuersten Länder Euro... gilt. Die Mieten sind horrend, vor ...em in den Großstädten Zürich und ...enf. Auch die Lebenshaltungskosten ...gen deutlich höher als in den meis...n anderen Ländern der EU. Dafür ...er sind die Einkommen im euro...ischen Vergleich Spitzenklasse. Die ...ehälter liegen im Schnitt rund 25 % ...her als in Deutschland. Wer in der ...hweiz arbeitet, kann sich somit die ...hen Ausgaben auch leisten, da er in ...r Regel genug verdient. Noch ent...heidender dürfte allerdings die hohe ...ebensqualität sein, die die Schweiz ...ren Einwohnern zu bieten hat.

...dig. Arbeitslose sind in der Schweiz Mangelware. Sogar Berufsanfänger und ältere Arbeitnehmer haben gute Chancen auf einen Arbeitsplatz. Die gute Auftragslage der Baubranche führt dazu, dass der Bedarf an Fachkräften in diesem Bereich groß ist. Gute Möglichkeiten bieten sich zudem vor allem im Finanzdienstleistungssektor, in der Pharmaindustrie, in der Chemiebranche, im Maschinenbau sowie in der Uhrenindustrie. Gesucht werden daneben gut ausgebildete Fachkräfte in der Metall- und Elektrobranche. Saisonal sucht auch das Hotel- und Gaststättengewerbe Arbeitskräfte.

Die Top Ten auf einen Blick

1. Schweiz	22 776
2. USA	14 208
3. Österreich	11 099
4. Polen	10 337
5. Großbritannien	9909
6. Spanien	8895
7. Frankreich	7214
8. Kanada	4416
9. Türkei	3762
10. Niederlande	3671

Quelle: Statistisches Bundesamt 2007

...ie Schweizer Wirtschaft boomt: ...mer mehr Unternehmen suchen ...änderingend nach gut ausgebil...eten Fachleuten; ein Bedarf, der ...unehmend auch aus Deutschland ...edeckt wird. Deutschsprachige Ar...eitnehmer werden am ehesten in ...r deutschsprachigen Schweiz fün...

Wer in die Schweiz zieht, sollte nicht nur aufs Geld schauen, sondern auch Spaß an seinem Beruf haben, denn in der Alpenrepublik wird deutlich mehr gearbeitet als in Deutschland. Dafür gibt es weniger Urlaub. Nur rund 20 Tage bleiben Arbeitnehmern in der Schweiz pro Jahr zur Entspannung.

Lastwagen bei der Einfahrt in den Gotthard-Straßentunnel. Der 16,9 km lange Tunnel ist der wichtigste Schweizer Alpenübergang.

> **☀ Wetter**
>
> **Bern**
> Durchschnittstemperatur wärmster Monat (Juli): 23,1 °C
> Durchschnittstemperatur kältester Monat (Januar): –3,7 °C
> Niederschlag pro Jahr: 986 mm
> Durchschnittliche tägliche Sonnenscheindauer: 4,8 Stunden

Wichtigste Städte

Die Hauptstadt der Schweiz ist das beschauliche, knapp 130 000 Einwohner zählende Bern. Mit mehr als 5000 Einwohnern stellen Deutsche mittlerweile den größten Anteil an ausländischen Bewohnern der Stadt. Das wichtigste Schweizer Wirtschaftszentrum ist jedoch die mit rund 380 000 Einwohnern größte Stadt des Landes: Zürich.

Die Wasserburg Chillon steht auf einem Felsen am Ufer des Genfer Sees. Der zweitgrößte See Mitteleuropas liegt an der Grenze zwischen der Schweiz und Frankreich.

Hier haben die Großbanken und Versicherungen ihren Sitz. Zürich steht international für Big Business, namenlose Konten und Geldströme, die die Fantasie beflügeln. Aber Zürich ist auch ein bedeutender Arbeitsmarkt. Allein in den Banken der Stadt arbeiten nahezu 50 000 Menschen. Immer mehr international aufgestellte Unternehmen zieht es in die Schweizer Finanzmetropole. Kein Wunder, dass Zürich auch Menschen aus anderen Ländern wie ein Magnet anlockt. Allein im Jahr 2007 strömten mehr als 50 000 Zuwanderer in die Stadt. Im Großrau[m] Zürich kamen auf 1,3 Millionen Ei[n]wohner rund 300 000 Ausländer.

Noch internationaler geht es in d[er] zweitgrößten Stadt der Schweiz zu. [In] Genf beträgt der Ausländeranteil m[it] 44 % fast die Hälfte der Gesamtbevö[l]kerung. Ein wesentlicher Grund hierf[ür] sind die vielen internationalen Organ[i]sationen, die in der Stadt ansässig sin[d]. Neben dem Forschungszentrum CER[N] sind dies vor allem die Vereinten Nati[o]nen (UN). In Genf befindet sich unt[er] anderem das UN-Hochkommissari[at] für Flüchtlinge (UNHCR). Auch d[ie] Welthandelsorganisation (WTO), d[ie] Weltgesundheitsorganisation (WH[O]) und das Internationale Komitee vo[m] Roten Kreuz (IKRK) haben eine Ni[e]derlassung in Genf.

Basisinfos

Die Grundversicherungen bei Erkra[n]kung oder Unfall und Arbeitslosigke[it] sind für alle Arbeitnehmer ebenso zwi[n]gend vorgeschrieben wie eine Rente[n]versicherung. Bei Schweizer Kranke[n]versicherungen gilt, dass der Versicher[te] sich immer an anfallenden Krankheit[s]kosten beteiligen muss. Eine zusätzlich[e] private Absicherung, die auch die Za[h]lung eines Krankentagegelds einschließ[t], ist in jedem Fall empfehlenswert. W[er] mit Kindern auswandert, sollte sich [...] informieren, welche Anforderungen v[or] Ort gestellt werden. In der Schweiz gi[bt] es große Unterschiede zwischen de[n] einzelnen Kantonen.

Top Ten und Traumländer: 20 beliebte Ziele

4 % der Schweizer haben Deutsch [als] Muttersprache, 19 % Französisch, [..] % Italienisch und 0,5 % Rätoromanisch. Hilfreich ist es in jedem Fall, [w]enn die Kinder von Auswanderern [b]ereits über Grundkenntnisse der [fr]anzösischen Sprache verfügen. Die [...] in der Schweiz etwa den gleichen [St]ellenwert wie bei uns Englisch. [G]enerell gilt, dass es überall in der [Sc]hweiz gern gesehen wird, wenn [m]an mehr als eine Fremdsprache si[ch]er beherrscht.

Amerika zählen auch Puerto Rico, die Marianen, die US-amerikanischen Jungferninseln, Amerikanisch-Samoa sowie Guam. Ferner unterstehen mehrere kleinere Inseln im pazifischen und karibischen Raum der US-amerikanischen Verwaltung.

Die USA bieten eine solche Vielfalt an unterschiedlichen kulturellen Einflüssen, dass man als Reisender manchmal kaum glauben kann, sich noch immer innerhalb der Landesgrenzen zu bewegen. Verwunderlich ist das allerdings nicht, immerhin sind die USA

Aussichtsplattform über dem Grand Canyon im US-Bundesstaat Arizona: Die rund 450 km lange Schlucht wurde vom Colorado River im Verlauf mehrerer Jahrmillionen geformt und zählt zu den großen Naturwundern der Erde.

USA

[A]merika ohne Emotionen zu sehen, [sc]heint unmöglich zu sein. Seit ihrer [G]ründung regen die Vereinigten Staa[te]n von Amerika als »Land der unbe[gr]enzten Möglichkeiten« die Fantasie [d]er Menschen in aller Welt an. Die [m]omentan einzige Supermacht löst [d]urch ihr vielfach als selbstherrlich [e]mpfundenes Auftreten jedoch auch [m]assenhaft Kritik aus.

[D]as nordamerikanische Land, das [si]ch über 4500 km vom Pazifik bis [z]um Atlantik erstreckt, ist fast 2,5-[m]al größer als alle EU-Staaten zusam[m]en. Die beiden jüngsten US-Staaten, [Al]aska und Hawaii, sind räumlich vom [ge]schlossenen Kerngebiet der USA [ge]trennt: Alaska, der flächenmäßig [gr]ößte US-Staat, liegt nordwestlich [vo]n Kanada, Hawaii, der 50. Bundes[sta]at der USA, im Pazifischen Oze[an]. Zu den Vereinigten Staaten von

Wetter

San Diego, Kalifornien

Durchschnittstemperatur wärmster Monat (August): 25,4 °C

Durchschnittstemperatur kältester Monat (Dezember): 9,3 °C

Niederschlag pro Jahr: 253 mm

Durchschnittliche tägliche Sonnenscheindauer: 8,4 Stunden

Die imposante Skyline von Manhattan mit dem Empire State Building (r.): New York, die größte Stadt der USA, ist eines der größten Wirtschafts-, Kunst- und Kulturzentren der Welt.

das größte Einwanderungsland der Welt. Zwischen 1820 und dem Ende des 20. Jahrhunderts wanderten rund 63,1 Millionen Menschen ein. Die erste große Einwanderungswelle brachte bis 1890 Immigranten aus England, Irland, Deutschland und Skandinavien, mit der zweiten großen Welle (1890–1910) kamen überwiegend Süd- und Osteuropäer ins Land. Die heutigen Einwanderer stammen größtenteils aus Lateinamerika und Asien. 11 % der im Jahr 2000 legal in den USA lebenden Einwohner wurden im Ausland geboren. Viele Einwanderer kamen und kommen, weil sie sich hier eine bessere Zukunft erhoffen, nicht zuletzt wirtschaftlicher Natur. Doch auch in der größten Wirtschaftsmacht der Welt liegt d Geld nicht auf der Straße. Rund 12 aller US-Amerikaner leben unterha der Armutsgrenze.

Abschrecken lässt sich von diesen deu lichen Zahlen allerdings kaum jemar Zwar stellt Europa schon lange nic mehr den Großteil der Einwander doch auch im Jahr 2007 waren unt ihnen noch immer viele Deutsche. Z verlockend ist die Aussicht auf me Freiheiten und größere berufliche Er faltungsmöglichkeiten, selbst wenn sich dabei oft mehr um Wunschde ken als um Tatsachen handelt. Obwc berufliche Karrieren in den USA c nicht so geradlinig ausgerichtet sir wie hierzulande und einsatzfreudi

Top Ten und Traumländer: 20 beliebte Ziele

uereinsteiger fast überall eine Chance bekommen, werden trotzdem nur e allerwenigsten Tellerwäscher tatchlich auch Millionäre. Die Arbeitslonquote ist im Vergleich zu Deutschnd mit unter 6 % gering, steigt aber rade in Folge der Bankenkrise stark . Betroffen ist davon vor allem das ugewerbe. Immer mehr Amerikaner beiten gleichzeitig für zwei oder drei beitgeber, um ihren Lebensunterhalt streiten zu können. Es is keine Selnheit, dass jemand morgens im Büro zt und nachmittags im Supermarkt bbt. Der Durchschnittsstundenlohn gt bei knapp 18 Dollar.

Die Mega-Citys n Ost und West

as uns typisch erscheinende, broelnde Amerika spielt sich vor allem der Ost- und Westküste ab. Dazwihen geht es in den USA meist etwas eschaulicher zu. Auch für den durchhnittlichen Amerikaner aus dem Mitlwesten ist die erste Reise nach New ork meist ein kleiner Kulturschock. Im roßraum New York wohnen fast 20 illionen Menschen. Die eigentliche ty ist weltweit eines der wichtigsten andels- und Finanzzentren und beeht aus den Stadtteilen Manhattan, ooklyn, Bronx, Queens und Staten and. Hier leben mehr als acht Millinen Menschen. Die Megacity, die an n Mündungen des Hudson Rivers d des East Rivers in den Atlantik gt, ist ein Schmelztiegel der Natio-n. Einwanderer aller Nationalitäten ben sich in New York oftmals in ei-

genen Vierteln niedergelassen, die alle einen ganz besonderen Reiz ausüben. Weltweit bekannt sind Chinatown und Little Italy. Bis ins 20. Jahrhundert kamen nahezu alle Einwanderer über Ellis Island ins Land. Auf der Insel vor New York befand sich die zentrale Sammelstelle für Immigranten. Bei der Anfahrt auf die Insel wurden die Auswanderer schon von weitem von der Freiheitsstatue begrüßt.

Völlig anders, aber nicht weniger spektakulär präsentiert sich Los Angeles. Mit rund 3,5 Millionen Einwohnern ist die Metropole an der kalifornischen Westküste nach New York die zweitgrößte Stadt der USA. Der Großraum Los Angeles zählt nahezu 13 Millionen Menschen. Bekannt ist die Stadt natürlich vor allem durch die Filmindustrie, doch hier befindet sich auch das Zentrum für Flugzeug- und Raumfahrttechnologie. Los Angeles liegt in einer seismisch aktiven Zone und wurde

Wetter
New York City

Durchschnittstemperatur wärmster Monat (Juli): 29,6 °C

Durchschnittstemperatur kältester Monat (Januar): –3,7 °C

Niederschlag pro Jahr: 1201 mm

Durchschnittliche tägliche Sonnenscheindauer: 6,9 Stunden

Wetter
Omaha, Nebraska

Durchschnittstemperatur wärmster Monat (Juli): 31,4 °C

Durchschnittstemperatur kältester Monat (Januar): –10,9 °C

Niederschlag pro Jahr: 767 mm

Durchschnittliche tägliche Sonnenscheindauer: 7,6 Stunden

Versicherungen

Wer es geschafft hat, einen Arbeit[s]vertrag in den USA zu erhalten, [ist] automatisch sozialversicherung[s]pflichtig. Zu diesem Paket gehör[t die] Alters- und Hinterbliebenenren[te] ebenso wie Arbeitslosen- und So[zi]alhilfe. Der Arbeitgeber behält d[ie] Beiträge vom Lohn ein. Nicht abg[e]deckt ist dagegen das Krankheitsri[si]ko. Viele Arbeitgeber bieten jedo[ch] Gruppenkrankenversicherungen a[n,] die über das Unternehmen gezah[lt] werden. Allerdings beteiligen si[ch] nicht alle an den Kosten. Wenn ma[n] Glück hat, zahlt der Arbeitgeber d[ie] komplette Summe oder beteili[gt] sich zumindest mit der Hälfte. E[in] Rundum-Sorglos-Paket sind dies[e] Gruppenversicherungen allerding[s] nicht. Zahlreiche Verordnunge[n] sind nicht durch die Versicherur[g] gedeckt. Eine zusätzliche priva[te] Absicherung kann nur dringe[nd] empfohlen werden.

bereits häufiger von starken Erdbeben heimgesucht. Doch das ganzjährig milde, subtropische Klima und die hohe Lebensqualität scheinen für die Einwohner und die zahlreichen Besucher das Risiko zu relativieren. Außerdem sorgen strenge Bauvorschriften dafür, dass sich die Schäden selbst bei stärkeren Beben in Grenzen halten.

Schulsystem

Das amerikanische Schulsyste[m] unterscheidet sich deutlich vo[m] deutschen. Am Anfang steht d[ie] sechsjährige Elementary School. [Es] folgen die Junior High School b[is] zur 9. Klasse und die Senior Hig[h] School bis zur 12. Klasse. Nebe[n] einigen Pflichtfächern können d[ie] Schüler sich ihren Unterricht a[us] einem breitgefächerten Angeb[ot] selbst zusammenstellen. Ein echte[s]

Die wichtigsten Fakten auf einen Blick

Einwohner	292,1 Millionen
Fläche	9 809 431 km²
Amtssprachen	Englisch, lokal auch Spanisch
Hauptstadt	Washington D.C.
Währung	US-Dollar ($); 1 € ≈ 1,4 $; 1 $ ≈ 0,7 €
Zeitverschiebung (gegenüber MEZ)	minus sechs bis minus neun Stunden
Bruttoinlandsprodukt	10 871 Milliarden € (2007)
Bruttoinlandsprodukt je Einwohner	35 967 € (2007)

Top Ten und Traumländer: 20 beliebte Ziele

oblem ist die zunehmende Gewalt
 amerikanischen Schulen. Immer
ehr Besserverdiener melden ihre
nder deshalb an Privatschulen an.

and und Klima

as nordamerikanische Kerngebiet
iedert sich in drei Großeinheiten:
 Osten liegen Mittelgebirge, im
entrum weite Ebenen und im
esten Hochgebirge mit Plateaus
d Becken. Im Osten ist das Klima
eichmäßig feucht. Im Windschatten
s Kaskadengebirges, der Sierra Ne-
da und der Rocky Mountains ist es
gegen sehr trocken und heiß. Das
hlen eines ostwestlich verlaufenden
ebirgszuges ermöglicht einen be-
nders raschen Austausch zwischen
lter Luft aus dem Norden und
armer Luft aus dem Süden.

ÖSTERREICH

iener Schnitzel, Backhendl oder
eirischer Erdäpfelsalat – die Liste der
sterreichischen Schmankerl ist schier
dlos. Doch Österreich hat viel mehr
 bieten als eine gute Küche, Heuri-
en-Lokale und Wiener Schmäh. Die
penrepublik im Herzen Europas ist
n hoch entwickeltes, exportorien-
ertes Industrieland und nimmt ge-
essen am Pro-Kopf-Einkommen im
ternationalen Vergleich einen Spit-
enplatz ein. Zwei Drittel der Exporte

gehen in den Euro-Raum, daneben sind osteuropäische Länder wichtige Handelspartner. Die Wirtschaft wuchs in den vergangenen Jahren meist stärker als im Durchschnitt der übrigen EU-Länder. Wie in anderen Industriestaaten hält auch in Österreich der Trend Richtung Dienstleistungsgesellschaft an. Inzwischen werden zwei Drittel des Bruttoinlandsprodukts im Dienstleistungssektor erwirtschaftet; allein 10 % entfallen dabei auf den Tourismus.

Auch in Österreich werden in vielen Bereichen Arbeitskräfte gesucht, und das nicht nur im Saisongeschäft der Tourismusbranche. Dort finden zwar viele Ausländer als Zimmermädchen, Köche oder Kellner eine Anstellung, darüber hinaus herrscht in unserem Nachbarland jedoch vor allem ein Mangel an gut ausgebildetem Personal in technischen und handwerklichen Berufen. Deutsche Ingenieure und Handwerksmeister sind heiß begehrt. Auch Facharbeiter wie Schlosser, Installateure und Schreiner haben gute Chancen auf dem Arbeitsmarkt, der sich mit einer Arbeitslosigkeit von knapp über 5 % deutlich entspannter zeigt als der deutsche. Natürlich ist bei der räumlichen Nähe zu Deutschland nicht wirklich zwischen tatsächlichen Auswanderern und Gastarbeitern zu trennen. Vor allem viele

Wetter

Wien

Durchschnittstemperatur wärmster Monat (Juli): 25,1 °C

Durchschnittstemperatur kältester Monat (Januar): –3,0 °C

Niederschlag pro Jahr: 607 mm

Durchschnittliche tägliche Sonnenscheindauer: 4,8 Stunden

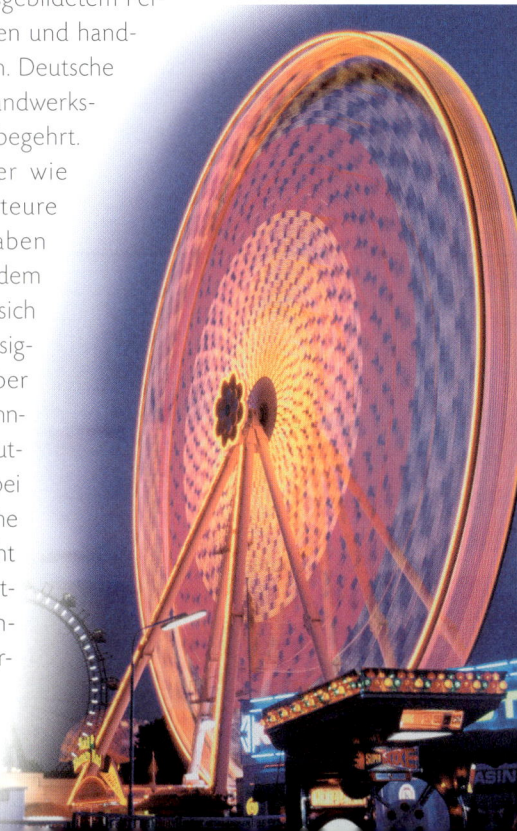

Unterhaltungsbetriebe im Wiener Prater: Der traditionsreiche Vergnügungspark ist Teil einer weitläufigen öffentlichen Parkanlage.

der rund 10 000 Beschäftigten im Tourismussektor pendeln ständig zwischen Österreich und Deutschland.

Wien, Wien nur Du allein…

Mit rund 1,7 Millionen Einwohnern ist die österreichische Hauptstadt Wien die mit Abstand größte Stadt des Landes. In ihrem Großraum leben rund zwei Millionen Menschen, rund ein Viertel der Einwohner Österreichs. Wien ist unter anderem Sitz der OPEC (Organisation Erdöl exportierender Länder) und der OSZE (Organisation für Sicherheit und Zusammenarbeit in Europa). Wien war bereits zur Zeit der Habsburger ein multikultureller Schmelztiegel. Wirtschaftlich betrachtet ist Wien die Drehscheibe für das Osteuropageschäft zahlreicher Großkonzerne. Während die westeuro-

Hallstatt im Salzkammergut: In der landschaftlich reizvollen Region werden noch viele Traditionen zelebriert.

päischen Märkte in vielen Branche stagnieren, boomt das Geschäft m den osteuropäischen Staaten. Daru nutzen immer mehr Großkonzern Wien als Plattform bei der Expansio in die neuen lukrativen Märkte. Hi reich ist dabei die Tatsache, dass d alten Kontakte auf dem Gebiet d ehemaligen Habsburger-Monarch weiterhin funktionieren. Die neu futuristisch anmutende Bürosta Donaucity lockt Dependancen d großen IT-Konzerne nach Wien.

Arbeitsmarkt und Schulsystem

Menschen aus anderen EU-Staate sind in Österreich grundsätzlic den einheimischen Arbeitnehme gleichgestellt. Daher sind auch s ausnahmslos sozialversicherung pflichtig. Die Versicherungsbeitr

Top Ten und Traumländer: 20 beliebte Ziele

werden von Arbeitgeber und [Ar]beitnehmer gemeinsam aufgebracht. Eventuelle Ansprüche auf [Grund] von Arbeitslosigkeit oder [Ar]beitsunfähigkeit werden über die [Ver]sicherung geleistet.

[Die] Chancen, in Österreich eine Arbeit zu finden, stehen gut – allerdings [nur], wenn man jung ist. Von den über [60]-Jährigen sind nur noch 35,5 % in [Loh]n und Brot. Die Arbeitslosenquote liegt insgesamt bei lediglich knapp [üb]er 4 %. Besonders in Ober- und [Ni]ederösterreich entstehen zahlreiche [ne]ue Arbeitsplätze, unter anderem im [Ge]sundheits- und Sozialwesen. Der [Be]darf an Arbeitskräften ist so groß, [das]s nicht nur Spitzenkräfte gut zu [ve]rmitteln sind. Gesucht werden auch [gu]t ausgebildete Bauarbeiter, Schwei[sse]r, Werkzeugmacher, Ingenieure und [LK]W-Fahrer. Viele Krankenhäuser [su]chen Pflegepersonal. Ähnlich wie [in] der Schweiz bietet die Tourismus[bra]nche saisonale Arbeitsplätze.

[Di]e Lebenshaltungskosten sind zum [Tei]l höher als in Deutschland, zum [Bei]spiel in Wien. Etwas preiswerter als [im] Landesdurchschnitt ist das Leben [in] Tirol. Die Löhne sind im Schnitt [ni]edriger als in Deutschland. Ein [Ha]ndwerker verdient pro Jahr durch[sch]nittlich etwa 26 500 Euro, ein Arzt [ko]mmt auf rund 45 000 Euro.

[Sc]hulpflichtige Kinder müssen auch [in] Österreich eine vierjährige Grund[sch]ule durchlaufen, bevor es an wei[ter]führende Schulen geht, bei denen [zw]ischen einer Unterstufe (5. bis 8. [Kla]sse) und einer Oberstufe (9. bis 12. Klasse) unterschieden wird. Dazu können ab der 9. Klasse auch berufsbildende Schulen besucht werden.

Land und Klima

Das beherrschende Landschaftselement bilden die Ostalpen und ihre Ausläufer, die das Staatsgebiet von Ost nach West durchziehen. Nach Osten verlieren die Alpenketten an Höhe und sind von Beckenlandschaften (Wiener Becken, Klagenfurter Becken, Grazer Bucht) unterbrochen. Nur etwa ein Drittel der Gesamtfläche sind Tief- und Hügelländer. Österreich hat ein mitteleuropäisches Übergangsklima mit nach Osten zunehmend kontinentalen Einflüssen. In den höheren Gebirgslagen herrscht ein alpines Klima mit kurzen, kühlen Sommern und langen, schneereichen Wintern. Im Osten vollzieht sich der Übergang zum kontinentalen Steppenklima mit heißen Sommern und kalten Wintern.

Kaffeegenuss im Wiener Kunsthistorischen Museum: Die Kaffeehauskultur hat in Österreich weiterhin einen hohen Stellenwert.

Die wichtigsten Fakten auf einen Blick

Einwohner	8,2 Millionen
Fläche	83 858 km²
Amtssprachen	Deutsch; regional Slowenisch und Kroatisch
Hauptstadt	Wien
Währung	Euro (€)
Zeitverschiebung (gegenüber MEZ)	–
Bruttoinlandsprodukt	272,8 Milliarden € (2007)
Bruttoinlandsprodukt je Einwohner	31 800 € (2007)

POLEN

Nach wie vor verlassen viele Polen auf der Suche nach einer beruflichen Zukunft ihre Heimat. Allerdings steigen in den letzten Jahren auch die Zahlen der Immigranten, die nach Polen kommen. Vor allem polnisch-stämmige Deutsche lassen sich zunehmend vom liberalen Arbeitsmarkt und der boomenden Wirtschaft anziehen. Zudem verlegen immer mehr Deutsche aus der östlichen Grenzregion ihren Wohnsitz nach Polen.

Polen ist ein wichtiges Transitland für den Verkehr von Ost- nach Westeuropa. Besonders dicht ist das Verkehrsnetz in Westpolen. Knapp die Hälfte des überwiegend für den Güterverkehr genutzten Schienennetzes ist elektrifiziert. Allerdings verlagert sich der Gütertransport immer mehr auf die Straße. Verkehrspolitische Priorität hat die Erweiterung des Autobahnnetzes – bisher ist nur etwa 1 % der Straßen als Autobahn ausgebaut. Die Ostseehäfen Stettin, Gdynia und Danzig sind durch Oder, Weichsel, Warthe und ein dichtes Kanalnetz mit dem Binnenland verbunden.

delsorganisation aufgenommen u[nd] im Mai 2004 trat es der Europäisch[en] Union bei. Trotz eines im Vergleich [zu] den übrigen EU-Staaten überdur[ch]schnittlichen Wirtschaftswachstu[ms] gehört die Arbeitslosenrate zu d[en] höchsten in der EU. Außerdem b[e]lasten die Rentenproblematik u[nd] die Reformen im Gesundheitswes[en] den öffentlichen Haushalt. Durch [die] zentrale geografische Lage und d[en] relativ großen Binnenmarkt ist Po[len] jedoch für ausländische Investor[en] interessant. Gerade das zieht vie[le] Auswanderer an. Nachdem Pol[en] den Sprung in die EU vollzogen h[at,] wächst seine Anziehungskraft v[on] Jahr zu Jahr. Der von der Transf[or]mation in die Marktwirtschaft g[e]prägte Arbeitsmarkt bietet gera[de] Rückkehrern allerbeste Chancen.

Marienburg an der Nogat: Die mittelalterliche Anlage war im 14. und 15. Jahrhundert Hauptsitz des Deutschen Ordens.

Wirtschaftsboom

Die Umwandlung von der sozialistischen Planwirtschaft in eine Marktwirtschaft ließ 1990 das Wirtschaftswachstum einbrechen. Erst 1992/93 zeichnete sich eine Trendwende ab. 1995 wurde Polen in die Welthan-

☀ Wetter

Danzig

Durchschnittstemperatur wärmster Monat (Juli): 21,7 °C

Durchschnittstemperatur kältester Monat (Januar): −4,1 °C

Niederschlag pro Jahr: 526 mm

Durchschnittliche tägliche Sonnenscheindauer: 4,5 Stunden

Top Ten und Traumländer: 20 beliebte Ziele

...ben wichtige Erfahrungen in deutschen Unternehmen gesammelt und ...herrschen in der Regel mindestens ...ei Sprachen. Damit stellen sie für ...e expandierenden Unternehmen ...e wertvolle Bereicherung dar. Auch ...utschlehrer sind in Polen gefragt. In ...sem Beruf finden viele Rückkehrer, ... ihr Deutsch perfektioniert haben, ...ale Voraussetzungen. Allerdings ...ssen sich Auswanderer, die sich ...Richtung Polen auf den Weg ma...en, zumindest in den kommenden ...ren ein wenig bescheiden. Selbst ... den internationalen Unterneh...n liegen die Einkommen deutlich ...terhalb der hierzulande üblichen ...hälter. Selbst Führungskräfte er...ten teilweise nur etwa die Hälfte ...ssen, was man in Deutschland in ...er vergleichbaren Position verdie-

nen könnte. Dafür sind die Preise in Polen im Schnitt nur halb so hoch wie in Deutschland.

Rund 27 % vom Bruttolohn sind für die Sozialversicherung fällig. Dafür deckt diese nahezu alle Eventualitäten ab, vom Krankheitsfall bis zur Hinterbliebenenrente. Anders als bei uns werden die Kosten für Arbeitslosigkeit und berufsbedingte Ausfallzeiten aus einer Kombination von Arbeitgeberbeiträgen und Steuern finanziert.

Polen ist ein Land im Umbruch, darum ist es besonders wichtig, sich über die aktuellen Verhältnisse zu informieren, um nicht hinterher enttäuscht zu sein, wenn der gewohnte Lebensstandard deutlich gesenkt werden muss. Vor allem die Grundstückspreise sind in

Panoramablick auf die Hohe Tatra: Die zu den Karpaten gehörende Gebirgsregion ist ein weitläufiger Nationalpark, der von der UNESCO in die Liste der Biosphärenreservate aufgenommen wurde.

Marktplatz von Warschau: Die Altstadt der polnischen Hauptstadt wurde von der UNESCO zum Weltkulturerbe erklärt.

den letzten Jahren explodiert. Nicht umsonst verlassen immer noch viele junge Polen ihr Heimatland.

Bevölkerung

Gut ein Viertel der Arbeitnehmer arbeitet in der Landwirtschaft, ein weiteres Viertel ist in der Indust tätig und rund die Hälfte arbeite Dienstleistungsgewerbe. Da die beitsplätze noch nicht in beliebi Zahl zur Verfügung stehen, sol man bei der Stellensuche auf jed Fall Durchsetzungsvermögen mitbr gen. Hilfreich ist es, sich vorab üb die Bundesagentur für Arbeit verm teln zu lassen. Natürlich spielt si das städtische Leben vor allem in d Großstädten wie Warschau ab. Mit ren 1,8 Millionen Einwohnern gehö die polnische Hauptstadt zu den b deutenden Wirtschaftszentren O europas. Auch das kulturelle Leb braucht mit mehreren Universität Museen und Theatern keinen int nationalen Vergleich zu scheuen.

Das polnische Schulsystem sieht v dass vor der regulären Einschulu mit sieben Jahren ein Vorschuljahr a solviert werden muss. Es folgen se Jahre Grundschule und drei Jah Gymnasium. Im Anschluss könn

Die wichtigsten Fakten auf einen Blick

Einwohner	38,1 Millionen	
Fläche	312 678 km²	
Amtssprachen	Polnisch	
Hauptstadt	Warschau	
Währung	Złoty (PLN) 1 € ≈ 3,56 PLN; 1 PLN ≈ 0,28 €	
Zeitverschiebung (gegenüber MEZ)	–	
Bruttoinlandsprodukt	329,2 Milliarden € (2007)	
Bruttoinlandsprodukt je Einwohner	12 690 € (2007)	

Top Ten und Traumländer: 20 beliebte Ziele

e Jugendlichen ihre Ausbildung auf
 her weiterführenden Berufs- oder
 kundarschule fortsetzen.

and und Klima

 drei Vierteln ist Polen ein Tiefland.
e Ostseeküste ist eine Ausgleichs-
ste mit zahlreichen Nehrungen,
 affs und Strandseen. Hinter der
 chen Küstenebene folgt der Bal-
 che Landrücken mit zahlreichen
 en. Weiter nach Süden folgen die
 male Mittelgebirgsregion der Su-
 ten im Westen, die Kleinpolnische
 ochfläche und das Lubliner Bergland
 Osten. Im äußersten Süden greifen
 e Ausläufer der Westkarpaten auf
 len über. Klimatisch liegt Polen im
 bergangsbereich von ozeanisch ge-
 ägtem mitteleuropäischem und kon-
 entalem osteuropäischem Klima.

GROSSBRITANNIEN

r viele Auswanderwillige scheint das
 ereinigte Königreich von Großbritan-
 en zur Zeit so etwas wie die Antwort
 f all ihre Fragen zu sein. Internatio-
 Arbeitnehmer sind herzlich willkom-
 en und der Berufseinstieg ist deut-
 h flexibler als in Deutschland. Sogar
 eisteswissenschaftler, die hierzulande
 mer ein wenig im Abseits stehen,
 enn es um Spitzengehälter geht, ha-
 n vor allem in London ausgezeich-
 te Chancen. Erfolgversprechend ist

die Auswanderung nach Großbritannien vor allem für Arbeitnehmer aus der Dienstleistungsbranche und dem Gesundheitssektor, für Bank- und Versicherungsfachleute sowie für Arbeitnehmer im Informationssektor. Auch in Call Center werden häufig Arbeitnehmer mit fließenden Deutschkenntnissen gesucht.

Gute Abschlussnoten allein öffnen im Königreich noch keine Türen. Die Personalentscheider achten viel stärker auf die Persönlichkeit des Bewerbers. Eine gehörige Portion Selbstvertrauen, ohne dabei überheblich zu wirken, hilft auf der Insel weiter. Dazu wird überall ein Minimum an englischen Sprachkenntnissen vorausgesetzt. An dieser Hürde scheitern jedoch die Wenigsten. Schließlich kommen viele Deutsche bereits als Schüler im Zuge eines Klassenausflugs zum ersten Mal nach Großbritannien.

Wie in allen europäischen Staaten gilt auch im Vereinigten Königreich die Regel, dass Arbeitnehmer in dem Land der Sozialversicherungspflicht unterliegen, in dem sie arbeiten – zumindest dann, wenn sie nicht nur zeitlich begrenzt vom Arbeitgeber ins Ausland geschickt worden sind. Wer eine private Krankenversicherung hat, sollte bei seinem Versicherungsträger nachfragen, ob alle vereinbarten Leistungen auch bestehen, wenn der Erstwohnsitz ins Ausland verlagert wird. Das Sozialversicherungssystem im Vereinigten Königreich umfasst die wichtigsten Bereiche wie Krankheit, Arbeitslo-

Der nach der schwersten Glocke »Big Ben« genannte Uhrturm ist der bekannteste Teil des Westminster-Palastes. Das monumentale Gebäude im Zentrum von London ist der Tagungsort des britischen Parlaments.

Wetter

London

Durchschnittstemperatur wärmster Monat (Juli): 21,8 °C

Durchschnittstemperatur kältester Monat (Januar): 2,2 °C

Niederschlag pro Jahr: 601 mm

Durchschnittliche tägliche Sonnenscheindauer: 4,1 Stunden

Mont Orgueil Castle auf der Insel Jersey. Die größte Kanalinsel ist mit vielen Sonnenstunden gesegnet. Zudem garantiert der Golfstrom ein mildes Klima.

sigkeit und Altersvorsorge. Um es in Anspruch nehmen zu können, benötigt man allerdings eine Sozialversicherungsnummer, die man bei den lokalen Sozialversicherungsbüros beantragen kann.

Gehen Sie mit Ihrem Nachwuchs nach Großbritannien, dürfte die Einschulung keine Probleme bereiten, da Ihre Kinder den englischen gleichgestellt sind. Nahe London gibt es sogar eine deutschsprachige Schule. Allerdings sollten sich Eltern auf ein deutlich niedrigeres Kindergeld einstellen. Für das erste Kind gibt es auf der Insel 100 Euro monatlich, für jedes weitere nur noch 67 Euro.

Das Vereinigte Königreich von Großbritannien und Nordirland umfasst die Hauptinsel des Britischen Archipels mit England im Süden, Wales im Wes-

ten und Schottland im Norden sow den Nordteil Irlands. Zum britisch Staatsgebiet gehören noch zahlreic Inseln, zum Beispiel die Kanalinse die Isle of Wight vor Südengland u Anglesey in der Irischen See, ferr Inselgruppen wie die Scilly-Inseln v Cornwall und die Hebriden, die O ney-Inseln und die Shetland-Inse vor den Küsten Schottlands

Weltstadt Londo

Wer zum ersten Mal nach Lond reist, wird sich zunächst verwunde die Augen reiben. Die Stadt lässt k nen Zweifel daran aufkommen, d man sich in einem der bedeutendst Wirtschafts- und Handelszentr der Erde befindet, dem Nabel c früheren Empire. Das ist zwar sch

Top Ten und Traumländer: 20 beliebte Ziele

ne ganze Weile her, doch die Geschichte ist hier bis auf den heutigen g zu spüren. Noch zu Beginn des 0. Jahrhunderts lebten in keiner adt mehr Menschen als in London nicht einmal in New York. Schon mer hat es Menschen aller Kulturreise und Religionen in die Stadt an er Themse gezogen. In den zurückegenden Jahrzehnten kamen vor em Menschen aus den ehemaligen ritischen Kolonien. Heute leben in ondon Christen neben Moslems, Juen, Hindus, Sikhs und Buddhisten.

n Wermutstropfen beim Leben in ondon sind die Lebenshaltungskosn. Die Durchschnittsmiete in der letropole liegt bei über 2000 Euro Monat. In diese Berechnung fließen var auch die exorbitanten Mietpreise den Vierteln der Superreichen ein, ch auch mit weniger hohen Ansprühen muss man in London tief in die sche greifen. Für den Mietzins eines einen Appartements könnten Sie in elen deutschen Städten problemlos n schickes Reihenhaus mieten. Pender, die nicht jeden Tag stundenlang im au stehen möchten, benötigen ein lonatsticket für die U-Bahn, das rund 20 Euro kostet.

and und Klima

urch seine Insellage im Westen uropas ist das Klima in Großbriannien ozeanisch geprägt. Dem armen Golfstrom verdankt die sel milde Winter; die vorherrchenden Westwinde bringen häufig Regen. Die hohe Luftfeuchtigkeit hüllt den Streifen zwischen London und Leeds häufig in dichten Nebel ein. Die einst ausgedehnten Laub- und Mischwälder wurden im Zuge der jahrhundertelangen Besiedlung fast vollständig gerodet. In den Bergländern dominieren Moore, Heiden und Grasländer. An der Südküste lässt das warme Klima auch maritim-subtropische Pflanzen wachsen.

Typischer britischer Pub in London: Das gemeinsame Biertrinken mit Kollegen nach der Arbeit ist in Großbritannien fester Bestandteil des sozialen Lebens.

Die wichtigsten Fakten auf einen Blick

Einwohner	60,2 Millionen
Fläche	243 000 km²
Amtssprachen	Englisch, Walisisch, Gälisch, Cornisch
Hauptstadt	London
Währung	Britisches Pfund (£); 1 € ≈ 0,78 £; 1 £ ≈ 1,28 €
Zeitverschiebung (gegenüber MEZ)	minus eine Stunde
Bruttoinlandsprodukt	2173 Milliarden € (2007)
Bruttoinlandsprodukt je Einwohner	27 428 € (2007)

SPANIEN

 **Wetter**

Alicante
Durchschnittstemperatur wärmster Monat (August): 31,1 °C
Durchschnittstemperatur kältester Monat (Januar): 6,3 °C
Niederschlag pro Jahr: 356 mm
Durchschnittliche tägliche Sonnenscheindauer: 7,9 Stunden

Viva España! Seit den 1950er-Jahren ist Spanien das Land deutscher Sehnsüchte und Träume. Für viele ist der Trip nach Mallorca bereits zur Routineangelegenheit geworden. Man fliegt nicht weg, sondern kommt in ein sonnigeres Zuhause. Riesige Bettenburgen, Animationsprogramme und der berühmt-berüchtigte Ballermann locken die Touristenströme ins Land. Spanien besteht für die Mehrzahl der Deutschen aus den Balearen und den Kanaren. Als Kleidung reichen hier Shorts und T-Shirt. Spanischkenntnisse sind nicht nötig – man spricht Deutsch.

Angesichts dieser engen Bindung der Deutschen an ihre südeuropäischen Lieblingsinseln verwundert es kaum, dass Spanien zu den beliebtesten Auswandererzielen gehört. Im Gegensa[tz] zum allgemeinen Trend sind es in er[s]ter Linie die über 50-Jährigen, d[ie] Deutschland in Richtung Iberisch[e] Halbinsel verlassen. Die Mehrza[hl] der Deutschen, die nach Spanie[n] auswandern, sind somit junggebli[e]bene Ruheständler, die ihren letzte[n] Lebensabschnitt unter südlicher So[n]ne genießen möchten. Für diese Zie[l]gruppe scheint das sonnenverwöhn[te] Land perfekt zu sein.

Etwas anders sieht es für Mensche[n] aus, die auf der Suche nach Arbe[it] sind. Außerhalb der Tourismus-Sa[i]son ist es äußerst schwierig, an Jo[bs] zu kommen. Noch dazu stagniert d[ie] spanische Wirtschaft, wodurch vo[r] allem die Baubranche deutlich in M[it]leidenschaft gezogen wird. Mittlerwe[i]le bietet die Regierung Immigrante[n,] die in ihre Heimatländer zurückkehre[n,] sogar Geld an. Trotz der angespannte[n] Lage auf dem Arbeitsmarkt dürfen si[ch] IT-Experten, Ingenieure und Naturw[is]senschaftler in Spanien Hoffnunge[n] auf einen Arbeitsplatz machen. D[as] gilt allerdings vor allem für die woh[l]habenden Regionen um Madrid u[nd] Barcelona sowie für das Baskenlan[d.] Generell zieht es viele junge Leute un[d] auch die Mehrzahl der Einwanderer [in] die beiden Ballungszentren Madr[id] und Barcelona.

Auch wenn man bei Spanien gern a[n] die tägliche Siesta denkt, gehört d[ie] ausgedehnte Mittagspause scho[n] längst nicht mehr zum Arbeitsalltag. Tatsächlich wird in Spanien mit run[d] 1800 Stunden im Jahr mehr als

Spanien ist ein Land der regionalen Vielfalt, in dem das Brauchtum hoch gehalten wird: Mädchen in traditioneller andalusischer Tracht auf einem Pferdewagen anlässlich einer Parade in Sevilla.

Top Ten und Traumländer: 20 beliebte Ziele

...elen anderen EU-Ländern gearbei... ...et. Das Lohnniveau liegt allerdings ...eutlich unter der EU-Durchschnitt. ...ie Lebenshaltungskosten sind zwar ... den letzten Jahren auch in Spanien ...eutlich angestiegen, sind aber immer ...och erträglich, wenn man die großen ...ouristen-Hochburgen meidet. Dafür ...nd die Mieten in den Metropolen ...adrid und Barcelona sehr hoch. ...äufig werden sogenannte interiors ...ermietet, möblierte Zimmer ohne ...enster. Damit haben Sie zwar für den ...nfang zumindest ein Dach über dem ...opf, Sie sollten jedoch nicht an Platz...ngst leiden.

... Spanien müssen sich nicht nur ...rbeitnehmer, sondern auch Selbst...ändige bei der Sozialversicherungs...nstalt anmelden. Bei Arbeitnehmern ...eht das reibungslos, da die Anmel...ung vom Arbeitgeber durchgeführt ...ird. Die Abgaben werden gleich ...om Lohn einbehalten und vom Un...ernehmen weitergeleitet. Dafür gibt ... einen Sozialversicherungsausweis. ...ieser gilt auch zur Vorlage bei Ver-tragsärzten des Instituto Nacional de Salud (Nationales Gesundheitsinstitut) und in öffentlichen Krankenhäusern. Dort erfolgt die Behandlung kostenlos. Arzneimittel müssen mit 40 % eigenfinanziert werden.

Die wichtigsten Fakten auf einen Blick

Einwohner	45,1 Millionen
Fläche	505 990 km^2
Amtssprachen	Spanisch
Hauptstadt	Madrid
Währung	Euro (€)
Zeitverschiebung (gegenüber MEZ)	–
Bruttoinlandsprodukt	1013 Milliarden € (2007)
Bruttoinlandsprodukt je Einwohner	23 396 € (2007)

Mallorca – fest in deutscher Hand

Nach nur zwei Flugstunden erreicht man vom grauen Deutschland aus die

Leuchtturm am Cap Formentor, der nördlichsten Spitze Mallorcas. Die Mallorquiner bezeichnen die Halbinsel Formentor als »Treffpunkt der Winde«.

Gebäude als Kunstwerk: das vom Architekten Frank O. Gehry entworfene Guggenheim-Museum in Bilbao, der größten Stadt des spanischen Baskenlandes

Blick über Madrid: Im Vordergrund ist das Santiago-Bernabéu-Stadion zu erkennen, die Wettkampfstätte des berühmten Fußballklubs Real Madrid.

sonnigen Balearen. Kein Wunder, dass sich Mallorca zur Lieblingsinsel der Deutschen entwickelt hat. Mehr als 20 000 Deutsche haben sich hier mittlerweile dauerhaft niedergelassen. Dazu kommen jedes Jahr etwa 3,5 Millionen deutsche Touristen, die dazu beitragen, dass die rund 800 000 Mallorquiner das höchste Pro-Kopf-Einkommen aller Spanier haben. Das Gros der Besucher verteilt sich auf die Hotelanlagen in den Touristenhochburgen El Arenal, Magaluf oder Cala Millor.

Land und Klima

Neben dem Festland, das über vie[r] Fünftel der Iberischen Halbinsel ein[nimmt, zählen zu Spanien die i[m] Mittelmeer gelegenen Baleareninse[ln] Mallorca, Menorca, Ibiza, Formente[ra und Cabrera sowie die Kanarische[n] Inseln Lanzarote, Fuerteventura, Gra[n] Canaria, Teneriffa, La Gomera und L[a] Palma vor der Nordwestküste Afrika[s]. Spanische Exklaven in Nordafrika sin[d] Ceuta und Melilla. Der Norden un[d] Nordwesten Spaniens liegt in der vo[m] Atlantik beeinflussten Westwindzon[e] und weist ein immerfeuchtes, mäß[ig] warmes Klima auf. Dagegen herrscht i[m] kastilischen Hochland ein ausgeprägte[s] Kontinentalklima. Der Südosten Spa[ni]ens zählt zu den trockensten Regione[n] Europas. Seit den 1990er-Jahren tre[ten] im Zentrum und Süden Spanien[s] immer wieder längere Trockenper[i]oden auf. 2005 wurde Spanien vo[n] der schlimmsten Dürre seit 60 Jahre[n] heimgesucht, die sich katastrophal a[uf] die Bewässerungswirtschaft und d[ie] Trinkwasserversorgung auswirkte.

Top Ten und Traumländer: 20 beliebte Ziele

Bevölkerung

Heute sieht sich das Land, aus dem bis in die 1970er-Jahre Hunderttausende auf der Suche nach Beschäftigung auswanderten, mit dem Problem illegaler Masseneinwanderung besonders aus Nordafrika konfrontiert. Die Bevölkerung konzentriert sich auf die Küstengebiete; dagegen ist Zentralspanien – mit Ausnahme von Madrid – dünn besiedelt. In kaum einem anderen Land werden die Menschen älter als in Spanien. Angesichts gleichzeitig sinkender Geburtenraten sieht sich das Land einer zunehmenden Überalterung seiner Bevölkerung gegenüber.

In Spanien besuchen schon viele Zweijährige eine Vorschule. Diese dauert bis zur regulären Einschulung, die in der Regel mit sechs Jahren erfolgt. Bis zum 16. Lebensjahr gibt es eine allgemeine Schulpflicht. Auch private Schulen erfreuen sich in Spanien großer Beliebtheit. Die Kosten dafür liegen pro Kind bei einigen hundert Euro im Monat.

FRANKREICH

Keine Frage: Die Franzosen wissen, wie man genießt. Laissez-faire, Nouvelle Cuisine und erlesene Weine prägen das Bild unseres Nachbarn. Doch Frankreich ist auch eine bedeutende Wirtschaftsmacht, die seit Jahren hohe Wachstumsraten aufweist. Zwischen dem Brioche zum Frühstück und dem Cognac zum Feierabend wird in Frankreich hart und erfolgreich gearbeitet. Davon profitieren auch viele der rund 100 000 Deutschen, die sich hier niedergelassen haben. Ihnen steht der

Der 300 Meter hohe Eiffelturm ist das bekannteste Wahrzeichen der französischen Hauptstadt Paris.

Wetter

Paris

Durchschnittstemperatur wärmster Monat (Juli): 24,6 °C

Durchschnittstemperatur kältester Monat (Januar): –0,9 °C

Niederschlag pro Jahr: 619 mm

Durchschnittliche tägliche Sonnenscheindauer: 5 Stunden

Lavendel ist die charakteristische Pflanze der Provence. Die Blüten dienen als Grundlage für die Herstellung von Parfüm.

französische Arbeitsmarkt weit offen. Allerdings wird in Frankreich besonders viel Wert darauf gelegt, dass der arbeitswillige Immigrant die Sprache beherrscht. Bevor die Koffer gepackt werden, sollten Auswanderungswillige unbedingt ihre französischen Sprachkenntnisse auffrischen. Der Arbeitsmarkt bleibt solange verschlossen, bis der Bewerber passabel Französisch spricht. Ist dies der Fall, kann sich jeder ohne Scheu auf freie Stellen bewerben. Eine große Rolle spielt dabei das handgeschriebene Anschreiben, in dem Sie deutlich machen, warum Sie gerade für dieses Unternehmen arbeiten wollen. Standardanschreiben beeindrucken französische Arbeitgeber in der Regel nicht.

Menschen aus anderen EU-Ländern, die länger als drei Monate in Frankreich arbeiten, müssen mit einer Vorlage ihres Arbeitgebers in der örtlichen Polizeipräfektur eine Aufenthaltserlaubnis beantragen. In Frankreich gilt die 35-Stunden-Woche und ein Minimum von 25 Urlaubstagen.

Die Sozialabgaben werden gleich vom Arbeitgeber einbehalten und weitergeleitet. Anders als in Deutschland müssen Arbeitnehmer in Frankreich allerdings selbst ihre Steuern abführen. Diese werden in der Steuererklärung festgelegt, die jeder Arbeitnehmer zu Beginn des Jahres für die zurückliegenden zwölf Monate auszufüllen hat. Eine private Zusatzversicherung für den Krankheitsfall ist in Frankreich sehr sinnvoll, da der Arzt sein Honorar direkt mit dem Patienten abrechnet. Die Krankenversicherung erstattet im Nachhinein einen Teil des Betrages

Top Ten und Traumländer: 20 beliebte Ziele

rück. Ohne Zusatzversicherung können Arztrechnungen im Einzelfall richtig teuer werden. Die Lebenshaltungskosten sind vergleichbar mit denen in Deutschland. Eine Ausnahme hiervon bildet Paris, das zu den teuersten Städten in Europa zählt.

Bevölkerung

Die meisten Deutschen lassen sich in den Städten nieder, genau wie die Mehrzahl der einheimischen Bevölkerung. Drei Viertel der Franzosen leben in den über 30 Großstädten des Landes; ein Fünftel der Bevölkerung konzentriert sich allein auf den Großraum Paris. Zu den Wirtschaftszentren gehören ebenso Lyon, Lille und Marseille. Auch das nördliche Industriegebiet und Elsass-Lothringen sind trotz der durch den Strukturwandel bedingten Abwanderung immer noch dicht besiedelt. Die südfranzösische Küste weist seit Jahrzehnten einen steten Bevölkerungszuwachs auf. Er ist auf den starken Zustrom von Rentnern zurückzuführen. Die starke Bevölkerungszunahme nach 1945 wird unter anderem auf eine besonders kinderfreundliche Familienpolitik zurückgeführt. Noch heute liegt die Geburtenrate im europäischen Vergleich im oberen Bereich. Kinder sind in Frankreich richtig gut aufgehoben. Bereits in den Vorschulen, die schon für Zweijährige offen stehen, unterrichten ausgebildete Pädagogen. Schulpflicht besteht von 6 bis 16 Jahren. Weiterführende Schulen gibt es erst ab der 9. Klasse.

Die wichtigsten Fakten auf einen Blick

Einwohner	63,6 Millionen
Fläche	547 026 km²
Amtssprachen	Französisch
Hauptstadt	Paris
Währung	Euro (€)
Zeitverschiebung (gegenüber MEZ)	–
Bruttoinlandsprodukt	1860 Milliarden € (2007)
Bruttoinlandsprodukt je Einwohner	29 300 € (2007)

Les Champs-Élysées

Joe Dassins Welthit aus den 1960er-Jahren über die Prachtstraße im Herzen von Paris ist eine Liebeserklärung an die Seine-Stadt. Die Weltstadt, deren Großraum rund 11,5 Millionen Menschen beherbergt, lädt trotz ihrer Ehrfurcht gebietenden Ausdehnung zum Träumen ein. Die »Stadt der Verliebten« ist aber auch eines der wichtigsten Handels- und Kulturzentren der Welt. Paris zählt nicht gerade zu den preiswertesten Städten Europas. Das spiegelt sich auch in den exorbitant hohen Mietpreisen wider. Erschwinglicher Wohnraum ist äußerst knapp. Preiswertere Unterkünfte befinden sich in der ausgedehnten Peripherie.

Land und Klima

Frankreich ist der größte westeuropäische Staat. Im Norden, Westen, Süden und Südosten bilden Meere

Frankreich gilt als Land der Weine und des Käses. Gutes Essen ist Teil der nationalen Identität.

Das Luxushotel Château Frontenac prägt die Silhouette von Québec: Die Stadt war bis in das 18. Jahrhundert das Zentrum der französischen Kolonie Kanada.

(Atlantischer Ozean, Mittelmeer) und Gebirge (Pyrenäen, Alpen) natürliche Grenzen. Vom Atlantik greifen feuchte Luftmassen in das Land herein und bestimmen das maritime Klima des Nordwestens mit ganzjährigen Niederschlägen, geringen Temperaturextremen und häufig auftretenden Winden. Im Süden kommt der mediterrane Einfluss zur Geltung: Die Sommer sind warm und relativ trocken, das Niederschlagsmaximum liegt hier im Herbst. Das Pariser Becken und der Nordosten zeigen kontinentalere Klimazüge mit größeren jährlichen Temperaturunterschieden und geringeren Niederschlägen.

KANADA

Allein die Erwähnung des Landesnamens lässt das Herz eines jeden Abenteurers höher schlagen. Europäisches Flair in den Großstädten, raue Wildnis in den unendlichen Weiten des Riesenstaates, ein Leben zwischen High-Tech und ursprünglicher Wildnis – all dies verspricht Kanada. Während die Lebenshaltungskosten in Montreal, Ottawa, Québec und den anderen Großstädten sehr hoch sind, kann man vor der Küste Kanadas für einige Tausend Kanadische Dollar eine eigene Insel erwerben.

Auswanderer sollten sich vorab gut informieren, wie ihre Aussichten auf einen Arbeitsplatz stehen. Die Größe des Landes lässt Raum für beträchtliche Unterschiede. In der Provinz Alberta boomt die Ölindustrie, weshalb hier immer Arbeitskräfte gesucht werden. Auch in British Columbia stehen die Chancen auf einen Arbeitsplatz gut. Vor allem der Bedarf an Handwerkern und Technikern ist groß. In anderen Landesteilen ist eine Stellenbewerbung dagegen weniger aussichtsreich.

Ein seit über zehn Jahren anhaltendes Wirtschaftswachstum, das zu den höchsten der G8-Staaten zählt, verbunden mit Überschüssen im Staatshaushalt, bringt Kanada in eine Spitzenposition. Die kanadische Wirtschaft ist nach wie vor eng mit den USA verknüpft, insbesondere über die nordamerikanische Freihandelszone NAFTA (zusammen mit Mexiko).

Sozialversicherungsleistungen werden in Kanada wie in Europa vom Arbeitgeber einbehalten. Das abgedeckte Spektrum ist zwar mit Deutschland vergleichbar, nicht aber die Höhe der Leistungen. Die fallen deutlich bescheidener aus als hierzulande. Für Ausländer spielt dabei der Status eine wichtige Rolle, mit dem sie sich im Land aufhalten. Wer lediglich ein

☀ Wetter

Ottawa

Durchschnittstemperatur wärmster Monat (Juli): 26,4 °C

Durchschnittstemperatur kältester Monat (Januar): –15,5 °C

Niederschlag pro Jahr: 840 mm

Durchschnittliche tägliche Sonnenscheindauer: 5,5 Stunden

Top Ten und Traumländer: 20 beliebte Ziele

efristete Aufenthaltsgenehmigung at, kann im Notfall leer ausgehen. arüber muss man sich bereits im orfeld informieren, zumal es große nterschiede zwischen den einzelnen rovinzen gibt.

ie Krankenversicherung ist in fast len kanadischen Provinzen kostens. Das staatliche Gesundheitssystem Medicare« finanziert sich aus Steun. Nur in den beiden Provinzen ritish Columbia und Alberta werden eiträge verlangt. Dennoch ist eine usatzversicherung zu empfehlen, da nige Leistungen wie zum Beispiel rzneimittel nicht von »Medicare« bernommen werden. Das kann vor lem für chronisch kranke Menschen euer werden. Auch in Fragen der rankenversicherungen sollte man ch vorab schlau machen. In einigen rovinzen übernimmt »Medicare« ur Leistungen von Einheimischen und Ausländern, die über einen »permanent residence status« verfügen.

Die »europäischen« Großstädte Kanadas

Wer seine Französischkenntnisse aufpolieren möchte, kann das problemlos auch in Kanada machen. Montreal ist mit knapp 1,6 Millionen Einwohnern nicht nur die zweitgrößte Stadt des Landes, sondern nach Paris weltweit auch die zweitgrößte Stadt mit Französisch sprechenden Einwohnern. Im Vergleich zu Montreal ist die kanadische Hauptstadt Ottawa nahezu gemütlich klein. Die Einwohnerzahl liegt unter einer Million Menschen. Auch hier spricht gut ein Drittel der Bevölkerung Französisch. Die größte Stadt Kanadas ist Toronto, in deren Umfeld rund 3,8 Millionen Menschen

Grizzlybär beim Lachsfang: In den ausgedehnten nordkanadischen Waldregionen finden die Bären ideale Lebensbedingungen.

aus allen Teilen der Welt leben. Die schachbrettartige Anreihung der Straßen erleichtert die Orientierung. Zudem braucht man sich um seine persönliche Sicherheit keine allzu großen Sorgen zu machen. Obwohl es auch in der Metropole am Ontario-See Armut und Verbrechen gibt, findet man weder ausgedehnte Slumviertel noch eine ausufernde Kriminalität.

Land und Klima

Das riesige Land, das fast die Größe Europas erreicht, erstreckt sich von den Kordilleren im Westen über 5500 km bis zur Insel Neufundland im Osten. Vom Kanadisch-Arktischen Archipel im Norden zieht es sich über 4600 km bis in die fruchtbaren Großen Ebenen im Süden. Über ein Drittel der Landesfläche ist von dichten Wäldern bedeckt. Der Norden und Nordosten Kanadas liege in der arktischen, das Zentrum ur der Nordwesten in der subarktische Klimazone. Während der gemäßig Südosten unter maritimem Einflu steht, herrscht im größten Teil de Landes ein kontinentales Klima m langen Wintern und kurzen Som mern. In über der Hälfte des Lande liegen die Temperaturen im Jahre durchschnitt unterhalb des Gefrie punktes. Nur die pazifische Südwes küste hat unter dem Einfluss eine warmen Meeresströmung relat milde Witterungsverhältnisse.

Bevölkerung

Die Bevölkerung konzentriert sic auf einem bis zu 350 km breite Streifen entlang der Grenze zu de USA. Der dünn besiedelte Norde liegt in der Selbstverwaltung de

Bootshaus am Maligne Lake im Jasper-Nationalpark: Der in den kanadischen Rocky Mountains gelegene See wird von Gletscherwasser gespeist. Seine Temperatur überschreitet nie 4 °C.

Top Ten und Traumländer: 20 beliebte Ziele

Kanada ist in erster Linie Landschaft pur: Die Tangle Falls im Jasper National Park, Bundesstaat Alberta, zählen zum Weltnaturerbe der UNESCO.

uit, einer polaren Volksgruppe. en rund 50 000 Inuit wurde im hr 1999 mit Nunavut das erste eitgehend autonom verwaltete ebiet übertragen. Später kamen eitere Gebiete hinzu. In Kanada ben noch rund 780 000 Indianer, erteilt auf den gesamten Süden d die bewaldeten Gebiete im orden. Innenpolitischen Konfliktoff bilden die Autonomiebestreungen der Frankokanadier in der rovinz Québec.

anada ist ein Einwanderungsland it einer multikulturellen Bevölkeungsstruktur. Bis heute wandern hrlich 200 000 Menschen legal ein. ie meisten Kanadier sind Weiße ritisch-irischer oder französischer bstammung. Die rund sieben Milonen Frankokanadier gehen auf die anzösischen Immigranten des 17. d 18. Jahrhunderts zurück und le-

ben vor allem in der Provinz Québec. Ihnen folgten britische Einwanderer. Anfang des 20. Jahrhunderts kamen auch Zentral-, Ost- und Südeuropäer ins Land. Viele Immigranten der 1960er-Jahre stammten aus der Karibik und Südamerika, seit den 1970er-Jahren kommen vermehrt Asiaten.

Die wichtigsten Fakten auf einen Blick

Einwohner	32 Millionen
Fläche	9 970 610 km²
Amtssprachen	Englisch, Französisch
Hauptstadt	Ottawa
Währung	Kanadischer Dollar (CAD); 1 € ≈ 1,49 CAD; 1 CAD ≈ 0,67 €
Zeitverschiebung (gegenüber MEZ)	minus fünf bis minus neun Stunden
Bruttoinlandsprodukt	947,9 Milliarden € (2007)
Bruttoinlandsprodukt je Einwohner	28 634 € (2007)

65

TÜRKEI

Wetter

Ankara

Durchschnittstemperatur wärmster Monat (Juli): 29,8 °C

Durchschnittstemperatur kältester Monat (Januar): −3,5 °C

Niederschlag pro Jahr: 415 mm

Durchschnittliche tägliche Sonnenscheindauer: 7,1 Stunden

Istanbul erstreckt sich auf beiden Seiten des Bosporus. Im Vordergrund ist der asiatische Teil der Stadt zu sehen, im Hintergrund der europäische Teil.

Die Türkei hat sich seit Anfang der 1980er-Jahre zu einem attraktiven Touristenmagneten entwickelt: Über zehn Millionen ausländische Gäste besuchen jedes Jahr das Land. Bevorzugte Ziele sind neben Istanbul und dem Marmarameer vor allem die Ägäisküste mit zahlreichen antiken Ausgrabungsstätten wie Troja und Pergamon sowie die Türkische Riviera im Süden. Auch die Türken selbst machen Urlaub im eigenen Land – über die Hälfte aller Langzeiturlauber sind Einheimische. Das Land steht mit neun Stätten auf der UNESCO-Liste des Welterbes. Dazu zählen unter anderem die historischen Bereiche von Istanbul, antike Stätten wie Hierapol Pamukkale und Troja sowie die Gro Moschee von Divrigi.

Mehr und mehr Deutsche fahre nicht nur für einen sonnigen U laub in die Türkei, sondern bleibe in dem Land. Auf der Hitliste d beliebtesten Auswanderziele lie die Türkische Republik mittlerwe auf dem beachtlichen achten Pla Auswanderwillige müssen allerdin beachten, dass man bereits eine Arbeitsvertrag mit einem türkische Arbeitgeber haben muss, um ei Arbeitserlaubnis zu erhalten. Lie dieser vor, bekommt man die E laubnis problemlos vom Konsul Auch in der Türkei gibt es deutlich regionale Unterschiede auf de

Top Ten und Traumländer: 20 beliebte Ziele

beitsmarkt. Erschwerend kommt nzu, dass viele Berufe und Gewer- e ausschließlich Türken vorbehal- n sind. Dazu gehören viele medi- nische Berufe. Außerdem werden t Abschlüsse ausländischer Schulen nd Universitäten nicht anerkannt, odurch sich die Chancen am Ar- eitsmarkt nicht gerade verbessern. er gilt es, frühzeitig alle verfüg- aren Informationen einzuholen nd frühzeitig Kontakte mit poten- ellen Arbeitgebern aufzunehmen. eutlich leichter ist der Einstieg für rkischstämmige Deutsche.

ie bei der Auswanderung in die eisten Zielländer, erlöschen mit er Abmeldung in Deutschland e Ansprüche auf Sozialleistungen s der alten Heimat. Auch die alte rankenkasse zahlt nicht mehr. Im ormalfall kommen die Versicherer ar noch einen Monat bei einer krankung auf, spätestens dann ist er Schluss. Das kann in der Türkei einem Problem werden. Zwar bt es auch dort eine staatliche ozialversicherung, die Leistungen nd aber deutlich niedriger ange- edelt. Als Beispiel mag das Kinder- ld dienen, das pro Kind bei zehn ro liegt. Eine Pflegeversicherung istiert überhaupt nicht. Es gibt je- ch Versicherungen, die über den beitgeber laufen und sich nach r Tätigkeit richten, zum Beispiel r Angestellte oder Menschen im fentlichen Dienst. Weitere Zusatz- rsicherungen sind bei großen Ar- itgebern möglich. Das hängt vom nzelfall ab und sollte im eigenen teresse vorab geklärt werden.

Land und Klima

Das Land erstreckt sich zwischen dem Schwarzen Meer im Norden und dem Mittelmeer im Süden und Westen. Die Meerenge Bosporus, die das Schwarze Meer mit dem Marma- rameer verbindet, bildet zugleich die Grenze zwischen Europa und Asien. Während Ostthrakien, das 3 % der Staatsfläche einnimmt, zu Europa zählt, fallen die restlichen 97 % auf das klein- asiatische Anatolien.

Nachbau des Trojanischen Pferdes: Der Legende nach versteckten sich während des Trojanischen Krieges einige Griechen im Inneren der Kon- struktion. Durch diese List konnten sie die Stadttore von Troja öffnen. Die Griechen nahmen die Stadt an der heutigen türkischen Westküste ein und gewannen den Krieg.

Die wichtigsten Fakten auf einen Blick

Einwohner	70,6 Millionen
Fläche	814 578 km²
Amtssprachen	Türkisch, lokal kurdische Dialekte
Hauptstadt	Ankara
Währung	Türkische Lira (TRY); 1 € ≈ 1,83 TRY; 1 TRY ≈ 0,55 €
Zeitverschiebung (gegenüber MEZ)	plus eine Stunde
Bruttoinlandsprodukt	516,2 Milliarden € (2007)
Bruttoinlandsprodukt je Einwohner	7313 € (2007)

Bevölkerung

Ankara ist zwar die Hauptstadt d[es] Landes, doch die mit Abstand größ[te] Stadt und gleichzeitig das wichtigs[te] Kultur- und Wirtschaftszentrum [ist] Istanbul. Im Einzugsbereich der M[e]tropole leben rund zehn Million[en] Menschen. Das frühere Konstan[ti]nopel, das sich sowohl auf der eur[o]päischen als auch auf der asiatisch[en] Seite des Bosporus erstreckt, kann a[uf] eine rund 3000-jährige Geschich[te] zurückblicken. An vielen Orten ist di[e]se noch immer spürbar.

Der europäische Teil und die Kü[s]ten sind dicht besiedelt; in Anatoli[en] nimmt die Bevölkerungsdichte na[ch] Osten ab. Vom ländlichen Raum, [in] dem oftmals noch traditionelle L[e]bensweisen vorherrschen, führt e[in] starker Migrationsstrom in die Sta[dt]randzonen. Wohnten 1950 ledigli[ch]

An der Schwarzmeerküste herrscht ein feuchtes, warmgemäßigtes Klima. Die mediterrane Süd- und Westküste weist sehr trockene Sommer und milde, feuchte Winter auf. Im Landesinneren ist das Klima streng kontinental mit heißen, trockenen Sommern und kalten, in Ostanatolien schneereichen Wintern.

Tuffpyramiden in Göreme, Kappadokien: Die bizarren Gebilde wurden durch Vulkanausbrüche und Wasserläufe im Laufe mehrerer Millionen Jahre geformt.

Top Ten und Traumländer: 20 beliebte Ziele

n Viertel aller Türken in Städten, sind mittlerweile mehr als zwei Drittel. ank verbesserter Gesundheitsversor- ung, abnehmender Kindersterblich- eit und höherer Lebenserwartung hat ch die Bevölkerung in den letzten 70 hren fast verfünffacht. Die türkische evölkerung ist jung, über ein Vier- l der Einwohner befindet sich im hulpflichtigen Alter. Die Türken stel- n etwa 80 % der Bevölkerung, ein inftel sind Kurden, die überwiegend Südosten leben. Araber, Tscherkes- , Armenier, Georgier und Griechen lden kleinere Minderheiten. Seit os- anischer Zeit ist die Mehrheit der evölkerung muslimisch.

der Türkei gibt es eine achtjährige hulpflicht. Auf fünf Jahre Grund- hule folgen drei Jahre Mittelschule, e mit einem Abschluss endet. Wer n weiterführendes Gymnasium besu- en möchte, muss zuerst eine Aufnah- eprüfung bestehen. Die Anzahl der huljahre beträgt je nach Ausrichtung es Gymnasiums drei oder vier Jahre.

kerung jedoch in einem Referendum gegen den EU-Verfassungsvertrag aus. Der Arbeitsmarkt in den Niederlan- den steht im europäischen Vergleich sehr gut da. Zur Zeit liegt die Arbeits-

In Alkmaar in der Provinz Nord- holland findet auch heute noch jeden Freitag der traditionelle Käsemarkt statt.

losenquote unter 3 %. Allerdings ar- beiten viele Menschen in Teilzeit. Die positive Entwicklung auf dem nieder- ländischen Arbeitsmarkt hält an. Ex- perten gehen davon aus, dass jedes Jahr etwa 130 000 neue Arbeitsplät- ze geschaffen werden – die meisten davon in medizinischen Berufen, im Pflegedienst, im Kultursektor sowie in der öffentlichen Verwaltung. Der Wachstumskurs ist allerdings nicht in allen Provinzen gleichmäßig stark. Die Berufsabschlüsse von Zuwande- rern, die aus einem anderen EU-Land

NIEDERLANDE

as Königreich der Niederlande wird olkstümlich oft als Holland bezeich- et, wenngleich dieser Name eigent- ch nur für das Marschland im Westen it den Provinzen Nord- und Südhol- nd gilt. Seit dem Ende des Zweiten eltkriegs war das Land eine der trei- enden Kräfte der europäischen Inte- ration. 2005 sprach sich die Bevöl-

☀ Wetter

Amsterdam

Durchschnittstemperatur wärmster Monat (August): 20,9 °C

Durchschnittstemperatur kältester Monat (Februar): −0,1 °C

Niederschlag pro Jahr: 738 mm

Durchschnittliche tägliche Sonnenscheindauer: 4,2 Stunden

Wahrzeichen der Niederlande: Windmühle und rotes Tulpenfeld in der Gartenanlage Keukenhof. Die Tulpenblüte findet im Frühjahr, meist Mitte April, statt.

kommen, werden überall anerkannt. Der frühzeitigen Abklärung bedürfen allerdings staatliche Abschlüsse bei Lehrern oder Medizinern.

Besonders in den Grenzregionen zu den Niederlanden suchen und finden immer mehr Deutsche einen Arbeitsplatz im Nachbarland. Erste Anlaufstelle für viele Bewerber ist die deutsche Arbeitsagentur oder das »Centra Werk en Inkomen« (CWI) auf niederländischer Seite. Besonders gefragt sind Mitarbeiter in der Elektrotechnik und im Transportmittelgewerbe, aber auch Bauingenieure, Be-

rater, Handwerker und medizinische Pflegepersonal werden gesucht.

Wer dauerhaft für einen niederländischen Arbeitgeber tätig ist, wir von diesem bei der Sozialversicherung gemeldet. Selbst anmelde müssen Sie sich dagegen beim Me deregister der Wohngemeinde, b der Ausländerbehörde und beim F nanzamt, um eine Steuer- bzw. Soz alversicherungsnummer zu erhalte Eine private Krankenzusatzversiche rung ist in den Niederlanden nahe zu obligatorisch, da die allgemein Krankenversicherung nur eine be scheidene Grundversorgung übe nimmt. Wer hier spart, kann das i Fall einer schweren oder chronische Erkrankung ganz schnell bereuen.

In den Niederlanden besteht zw schen dem 5. und 18. Lebensjal Schulpflicht. Allerdings besuche auch schon viele Vierjährige freiwill die »basisschool« (Grundschule), d acht Klassen umfasst. Im Anschlu daran gibt es zahlreiche weiterfüh rende Schulen, deren Ausrichtun unterschiedliche Interessen – zur Beispiel naturwissenschaftlich ode fremdsprachlich – und die weiter Lebensplanung – Studium oder Be rufsausbildung – berücksichtigt.

Amsterdam: Die Hauptstadt für Jung und Alt

In der Hauptstadt Amsterdam kan man die Seele baumeln lassen ode

Top Ten und Traumländer: 20 beliebte Ziele

Häuserzeilen an einem Kanal in Amsterdam: Die multikulturelle Grachtenmetropole wird auch »Venedig des Nordens« genannt – und das zurecht, hat Amsterdam doch etwa doppelt so viele Kanäle wie die italienische Lagunenstadt.

agelang durchfeiern – hier kommt eder auf seine Kosten. Die einzigen, ie sich mit Amsterdam schwertun, ind die Autofahrer. Einen Parkplatz m Innenstadtbereich zu finden, ist einer Zufall und für Ortsunkundige ast unmöglich. Die rund 750 000 inwohner – im Großraum Amsterdam leben 1,5 Millionen Menschen – scheint das allerdings ebenso wenig u stören wie die unvermeidlichen taus. Sie nutzen eine Alternative, die n den Niederlanden höchstes Ansehen genießt: das Fahrrad.

Küste breitet sich das Wattenmeer aus. Der breite Dünengürtel an der Küste geht landeinwärts in die Zone der See- und Flussmarschen über, heute eine künstlich entwässerte, sehr fruchtbare Polderlandschaft. Im Süden der Provinz Limburg bedeckt fruchtbarer Löß eine flachwellige Bördenlandschaft. Das stark ozeanisch geprägte Klima beschert den Niederlanden kühle Sommer und milde Winter, in denen das Thermometer selten unter den Gefrierpunkt fällt. Westwinde bringen das ganze Jahr über Niederschläge.

Land und Klima

Neben dem an der Nordsee gelegenen, überwiegend flachen Land gehören auch die karibischen Überseegebiete Aruba und Niederländische Antillen zu den Niederlanden. Der überwiegende Teil der Niederlande ist westliche Fortsetzung des Norddeutschen Tieflands. Der Nordseeküste sind die Westfriesischen Inseln vorgelagert. Zwischen ihnen und der

Die wichtigsten Fakten auf einen Blick

Einwohner	16,4 Millionen
Fläche	41 528 km²
Amtssprachen	Niederländisch
Hauptstadt	Amsterdam
Währung	Euro (€)
Zeitverschiebung (gegenüber MEZ)	–
Bruttoinlandsprodukt	556,1 Milliarden € (2007)
Bruttoinlandsprodukt je Einwohner	28 708 € (2007)

Neben jenen Zielländern, in denen die meisten Deutschen einen Neustart versuchen, gibt es noch weitere verlockende Plätze mit hoher Lebensqualität auf der Welt. Immer mehr auswanderungswillige Deutsche verzichten auf die Sicherheiten der europäischen Länder und ziehen exotischere Ziele vor. Palmen, Regenwald oder Sandstrände, Einsamkeit oder Trubel – die Top Ten der Traumländer decken jeden Wunsch ab.

AUSTRALIEN

☀ Wetter

Darwin

Durchschnittstemperatur wärmster Monat (Oktober): 33,1 °C

Durchschnittstemperatur kältester Monat (Juli): 19,3 °C

Niederschlag pro Jahr: 1673 mm

Durchschnittliche tägliche Sonnenscheindauer: 8,5 Stunden

Selbst im Zeitalter der Globalisierung, die die Welt immer mehr zusammenwachsen lässt, gehört Australien weiterhin zu den in weiter Ferne liegenden Zielen. Ein Flug an die amerikanische Westküste ist ein Kurztrip im Vergleich mit der Reisezeit nach Australien. Der Flug auf die andere Seite der Erdkugel kostet auch bedeutend mehr. Unser Herz schlägt wahrscheinlich deshalb so sehr für den fünften Kontinent, weil er nicht nur weit entfernt, sondern uns auch sehr fremd ist. Kaum ein anderes potenzielles Auswanderungsziel regt unsere Fantasie so an, wie die Heimat der Kängurus und Koalas. In den Küstenregionen dehnen sich hoch technisierte Millionenstädte aus, im Landesinneren herrscht die Wildnis. Wer nach Australien zieht, gehört meist zum Typ des klassischen Auswanderers, der in seiner alten Heimat alle Zelte abgerissen hat und in Down Under neue Wurzeln schlagen will. Die

Durch den Lichteinfall auf die Eisenoxidverbindungen leuchtet der Ayers Rock beim Auf- und Untergang der Sonne in verschiedenen intensiven Rottönen.

Top Ten und Traumländer: 20 beliebte Ziele

ancen dafür stehen gut, denn
e Wirtschaft in Australien boomt,
alifizierte Arbeitskräfte, vor allem
ndwerker, sind begehrt.

ne niedrige Arbeitslosenquote von
app 4,5 % und eine rasch steigende
hl von Arbeitsplätzen machen Aus-
lien auch für deutschsprachige Ein-
nderer zu einem attraktiven Ziel.
esucht werden vor allem Handwer-
r wie Elektriker, KFZ-Mechaniker,
aurer, Schreiner, Metallbauer und
erkzeugmacher. Welche Berufsaus-
dungen auf dem fünften Kontinent
erkannt werden, erfahren Auswan-
rwillige bei der Deutschen Bot-
haft in Australien (siehe Serviceteil
185). Stellenangebote werden auch
er die Arbeitsagentur in Deutsch-
d veröffentlicht.

Australien werden keine Abgaben
Sozialversicherung fällig. Das Sys-
m ist komplett steuerfinanziert.
tenzielle Leistungsempfänger sind
aber nur jene Immigranten, die eine Daueraufenthaltsgenehmigung besitzen und seit mindestens zwei Jahren im Land leben. Eine private Zusatzabsicherung ist fast unumgänglich, zumal die Leistungen in Australien deutlich unterhalb des deutschen Niveaus liegen. Die Lebenshaltungskosten sind vergleichbar mit denen in Westeuropa. Allerdings gibt es

starke Unterschiede zwischen den großen Metropolen und den ländlichen Regionen.

Bevölkerung

Australien ist äußerst dünn besiedelt. Weite Teile des Landes, vor allem im Nordterritorium und im Outback, sind nahezu menschenleer. Die Mehrheit der Bevölkerung lebt in den küstennahen Gebieten im Osten, Südosten und Südwesten, die meisten davon in den fünf Millionenstädten Sydney, Melbourne, Brisbane, Perth und Adelaide.

Aufgrund der großen Zuwanderung ist Sydney nicht nur die größte Metropole Australiens, sondern auch eine sehr kosmopolitische Stadt. Obwohl hier etwa 3,5 Millionen Menschen wohnen, ist das Alltagsleben von absoluter Gelassenheit geprägt. Hektik scheint ein Fremdwort zu sein. Alles in der erst 1788 gegrü deten Metropole ist überdimensi nal. Bei den Ausmaßen der Stadt es schon fast selbstverständlich, da Port Jackson der größte Naturhaf der Welt ist. Hier befindet sich au das weltberühmte Opernhaus.

Entscheidend für die Bevölkerung entwicklung und -zusammensetzu war die Einwanderung, die in me reren großen – teils von staatlich Seite geförderten – Wellen erfolg Da die Einreisebestimmungen Mi der 1960er-Jahre drastisch verschä wurden, ist der Großteil der Au tralier heute im Land geboren; c meisten haben britische oder irisc Vorfahren. Etwa 18 % der Einwohr stammen aus Europa, darunter si viele Deutsche, Italiener, Griech und Polen. Inzwischen kommen c Immigranten jedoch überwiege aus Ost- und Südostasien.

Etwa 2 % der Australier sind Abo gines. Die indigene Bevölkerung A traliens wurde einst durch die weiß Siedler von ihrem Land vertrieb und lebt heute als deutlich benac teiligte Minderheit meist zurückg drängt in Reservaten, zum Teil au in den Slums der Großstädte.

Für Kinder besteht in Australien vc 6. bis zum 15. Lebensjahr Sch pflicht. Bis zum 10. Schuljahr durc laufen die Schüler zunächst die P mary und dann die Junior Seconda School. Im Anschluss daran ka die Ausbildung an einer staatlich oder privaten Institution fortgese werden. Aber auch ein erfolgreich

Andreas Oer
Australien

»Zu meinen schönsten Erlebnissen in Australien zählen ein Sprung von zwölf Meter hohen Klippen eines Wasserfalls, Schnorcheln im Great Barrier Reef und die Stunden am Whitehaven Beach.«

Top Ten und Traumländer: 20 beliebte Ziele

Das vom dänischen Architekten Jørn Utzon erbaute Opernhaus mit seinem segelförmigen Dach ist das Wahrzeichen von Sydney.

…oschluss der Klassen 11 und 12 an …ner Senior Secondary School be…chtigt zum Studium. Das Tragen …ner Schuluniform ist in Australien …ligatorisch.

Gesellschaft aus. Der moderne Flugverkehr und neue Telekommunikationssysteme vernetzen das Land eng mit der übrigen Welt.

Australien ist ein überwiegend trockenes Land. Der äußerste Norden und

Land und Klima

…stralien ist der kleinste Kontinent …r Erde. Ausgedehnte Wüstenland…aften und rote Ebenen bilden das …rnland. Die bemerkenswertesten …aturwahrzeichen sind der Ayers Rock, …r riesige Monolith im Outback, und …s nordöstlich vor Australien liegende …eat Barrier Reef, das größte Korall…riff der Erde. Wenngleich das karge …schland das Bild Australiens geprägt …t, so zeichnet sich der Staat heute …rch eine technologisch weit fort…schrittene und hoch entwickelte

Die wichtigsten Fakten auf einen Blick

Einwohner	21,1 Millionen
Fläche	7,7 Millionen km²
Amtssprachen	Englisch
Hauptstadt	Canberra
Währung	Australischer Dollar (AUD) 1 € ≈ 2,05 AUD; 1 AUD ≈ 0,49 €
Zeitverschiebung (gegenüber MEZ)	plus sieben bis plus neun Stunden
Bruttoinlandsprodukt	605 Milliarden € (2007)
Bruttoinlandsprodukt je Einwohner	28 765 € (2007)

Australien ist bekannt für seine einzigartige Tierwelt. Hierzu zählen die Beuteltiere, wie das Känguru, das neben dem Emu Wappentier Australiens ist.

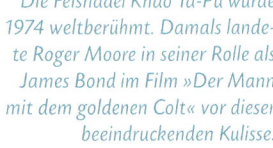

Die Felsnadel Khao Ta-Pu wurde 1974 weltberühmt. Damals landete Roger Moore in seiner Rolle als James Bond im Film »Der Mann mit dem goldenen Colt« vor dieser beeindruckenden Kulisse.

Nordosten liegt im Bereich der Tropen mit ganzjährig hohen Temperaturen, hoher Luftfeuchtigkeit und einer ausgeprägten Regenzeit während des Südsommers. Der äußerste Südosten und Tasmanien reichen schon in die kühlgemäßigte Klimazone und haben trockene warme Sommer und kühle regenreiche Winter. Dazwischen liegt der große Bereich der Subtropen. Mit der Entfernung von der Küste nehmen die Regenmengen ab. In manchen Regionen fällt jahrelang überhaupt kein Niederschlag.

THAILAND

Die landschaftliche Schönheit macht Thailand zu einem der beliebtesten Urlaubsziele. Mit rund zehn Millionen Auslandsgästen jährlich trägt der Fremdenverkehr maßgeblich zur Wirtschaftsentwicklung bei.

Gemäß der Verfassung von 2007 ist Thailand eine konstitutionelle Monarchie mit dem König als Staatsoberhaupt und Oberbefehlshaber der Streitkräfte.

König Bhumipol, der 2006 sein 6 jähriges Thronjubiläum feierte, verfü dank seines Ansehens in der Bevölk rung über innenpolitischen Einfluss, c weit über seine verfassungsmäßig Rechte hinausgeht. Im Sommer 20C kam es zu Massenprotesten gegen c Regierung von Ministerpräsident Sam Sundaravej, der schließlich vom Verfa sungsgericht abgesetzt wurde.

Bevölkerung

Vier Fünftel der Bewohner Thailan werden zur Völkergruppe der Th gezählt. Die höchste Bevölkerung dichte weist die Region um Bangk

Top Ten und Traumländer: 20 beliebte Ziele

...f. Insgesamt leben aber nur 20 % ...er Bevölkerung in Städten. Mit Familenplanungsprogrammen wurde seit ...en 1980er-Jahren das ehemals starke ...evölkerungswachstum gebremst.

...on den 1980er- bis Mitte der ...990er-Jahre besaß Thailand die sta-...lste und wachstumsstärkste Wirt-...haft aller südostasiatischen Staaten. ...ährungsspekulationen setzten dem ...ufschwung ein Ende und stürzten ...996/97 die gesamte Region in eine ...rise. Mit Hilfe eines Sanierungsplans ...onnte sich die Wirtschaft erho-...n und verzeichnet wieder kräftige ...achstumsraten. Von dem Wirt-...haftsaufschwung profitiert jedoch ...ur ein kleiner Teil der Bevölkerung.

Vor allem im Norden Thailands herrscht vielfach noch bittere Armut.

Seit Beginn der 1990er-Jahre hat Thailand sein soziales Netz in erheblichem Umfang ausgebaut. So gibt es seit dieser Zeit für ältere Menschen, die keine Versicherung besitzen, eine aus Steuern finanzierte Gesundheitsversorgung. Ähnliches gibt es auch für Einkommensschwache und Kinder bis zum 12. Lebensjahr. Dazu wurde eine freiwillige Versichertenkarte eingeführt, die gegen eine geringe Gebühr die Leistungen im Krankheitsfall abdeckt. Bereits mehrere Millionen Thailänder sind im Besitz einer solchen Karte. Private Krankenversicherer haben dagegen vor allem aufgrund der

Wetter
Bangkok

Durchschnittstemperatur wärmster Monat (April): 34,9 °C

Durchschnittstemperatur kältester Monat (Dezember): 20,8 °C

Niederschlag pro Jahr: 1498 mm

Durchschnittliche tägliche Sonnenscheindauer: 7,2 Stunden

Ruinen der alten Königsstadt Sukhothai in der Nordregion von Thailand: Die Anlagen aus dem 13. und 14. Jahrhundert zeugen von der damaligen kulturellen und politischen Blüte des Landes.

hohen Prämien bei der einheimischen Bevölkerung einen schlechten Stand. Für Immigranten aus den deutschsprachigen Ländern sollte die private Absicherung allerdings ein Muss sein. Das gilt besonders für diejenigen, die sich in Thailand eine neue berufliche Existenz aufbauen wollen. Ruheständler können sich dagegen problemlos ihre Rente nachschicken lassen. Sie sollten aber mit ihrer Krankenversicherung klären, ob diese auch bei dauerhaftem Auslandsaufenthalt in jedem Fall zahlt.

In Thailand gibt es eine allgemeine Schulpflicht von neun Jahren. Die ersten sechs Klassen verbringen die Kinder in der Grundschule. Danach geht es auf eine weiterführende Schule. Viele Einwanderer, die es si[ch] leisten können, schicken ihre Kind[er] auf eine Privatschule, die natürli[ch] kostenpflichtig ist.

Treffpunkt Bangkok

Wer als Auswanderer in Thaila[nd] Anschluss zu anderen Deutschen i[m] Land finden möchte, hat dazu i[m] Raum Bangkok die größten Chance[n]. Die Mehrzahl der rund 3000 Deu[t]schen in Thailand lebt in der Siebe[n]-Millionen-Metropole. Ein großer T[eil] von ihnen arbeitet hier allerding[s] nur vorübergehend. Der Anteil de[r]

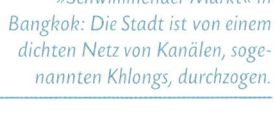

»Schwimmender Markt« in Bangkok: Die Stadt ist von einem dichten Netz von Kanälen, sogenannten Khlongs, durchzogen.

Top Ten und Traumländer: 20 beliebte Ziele

Buddha-Statue in Ayutthaya: Thailand ist ein Land mit bewegter Geschichte und einer überaus faszinierenden Kultur.

nigen, die immer bleiben wollen, chst jedoch kontinuierlich. Mit den German All Stars« gibt es hier sogar en deutschsprachigen Fußballclub Hobbykicker, der in einer eigenen ga um Meisterehren kämpft.

Land und Klima

er Kernraum Thailands ist die rund 00 km lange und bis zu 150 km eite Menamebene, eine fruchtbare ufschüttungsebene, die hufeisenrmig von Gebirgsland umschlossen rd. Der rund 960 km lange Menn, der in einem ausgedehnten Delta den Golf von Thailand mündet, ist e Lebensader des Landes. Wegen s geringen Gefälles wird die Deltaebene in der Regenzeit nahezu vollndig überflutet. Das tropisch-heiße ima wird regional unterschiedlich m Monsun geprägt. Die meisten

Niederschläge fallen in den Monaten Mai bis Oktober. Knapp 40 % der Landesfläche sind bewaldet. Seit 1989 schützt ein Forstwirtschaftsprogramm die tropischen Regen- und Monsunwälder vor weiterem Raubbau. Die Mangroven an der Golfküste mussten häufig Fischzuchtanlagen und touristischen Anlagen weichen.

Die wichtigsten Fakten auf einen Blick

Einwohner	62,42 Millionen
Fläche	513 115 km²
Amtssprachen	Thailändisch
Hauptstadt	Bangkok
Währung	Baht (THB) 1 € ≈ 46,19 THB; 1 THB ≈ 0,02 €
Zeitverschiebung (gegenüber MEZ)	plus sechs Stunden
Bruttoinlandsprodukt	192,9 Milliarden € (2007)
Bruttoinlandsprodukt je Einwohner	6282 € (2007)

SCHWEDEN

Wetter
Stockholm

Durchschnittstemperatur wärmster Monat (Juli): 21,8 °C

Durchschnittstemperatur kältester Monat (Januar): –5,5 °C

Niederschlag pro Jahr: 539 mm

Durchschnittliche tägliche Sonnenscheindauer: 5,1 Stunden

Mit Schweden verbinden die meisten Deutschen die Erzählungen von Astrid Lindgren, die deutschstämmige Königin Silvia und Midsommar, jene Zeit im Jahr, in der die Sonne nicht so richtig untergehen will. Davon bekommen allerdings nur wenige Menschen etwas mit, denn die Bevölkerungsdichte in Schweden ist eine der geringsten in Europa. Weite Teile des Nordens sind nahezu menschenleer, dagegen ist der Süden dicht besiedelt. Über 80 % der Schweden wohnen in Städten, rund ein Viertel im Einzugsbereich von Stockholm, Göteborg und Malmö. Schweden gilt als eines der fortschrittlichsten Länder, was die Gleichstellung der Frauen betrifft. So sind mehr als zwei Drittel der Frauen berufstätig und zwei Fünftel der Reichstagsabgeordneten sind weiblich.

Schweden ist ein hoch industrialisi[ertes], aufgrund der begrenzten B[innen]nennachfrage stark exportabhängig[es] Land und zählt nach seinem Pr[o-]Kopf-Einkommen zu den 15 reich[s]ten Staaten der Welt. Als Wohlfahr[ts]staat hatte das Land unter Führu[ng] der Sozialdemokraten einen »dritt[en] Weg« zwischen Kapitalismus und S[o]zialismus eingeschlagen, in dem [die] Wirtschaft umfassender Kontro[lle] und Reglementierung unterwor[fen] war. Die Krise des Wohlfahrtsstaa[tes] in den 1990er-Jahren leitete ein[en] wirtschaftlichen Wandel ein, der [mit] einer Reform der Alterssicherung u[nd] einer stabilitätsorientierten Geldp[o]litik einherging. Die Volkswirtsch[aft] profitiert davon: Zwischen 1996 u[nd] 2005 wuchs die schwedische Wi[rt]schaft im Durchschnitt um 2,7 %. S[eit] 1995 ist Schweden Mitglied der E[U,] allerdings entschied sich die Bev[öl]kerung 2003 in einem Referendu[m] gegen die Einführung des Euro.

Daniela Nikolow & Jens Wachsmann
Lappland, Schweden

»Wir sind in einem kleinen Ort voller unglaublich netter Nachbarn gelandet. Valdemar, unser 85-jähriger Nachbar direkt gegenüber, war unsere größte Hilfe. Was wir von ihm nicht alles lernen konnten. Anfangs waren die richtigen Kontakte (Wo gibt es Brennholz, Baumaterialien, Rentiere für die Wintersaison etc.?) unsere wichtigsten Fragen.«

Top Ten und Traumländer: 20 beliebte Ziele

Midsommar an einem schwedischen See: Die Feierlichkeiten zur Sommersonnenwende finden in den sogenannten weißen Nächten statt, in denen es hoch im Norden kaum dunkel wird.

Weiße Nächte im kühlen Norden

Mit nicht einmal 800 000 Einwohnern ist die schwedische Hauptstadt Stockholm im internationalen Vergleich eigentlich keine Metropole. Doch die Lebensqualität, die man in der Stadt geboten bekommt, braucht keinen Vergleich zu scheuen. Das Freizeitangebot ist reichhaltig, das Nachtleben überaus vielfältig. Die einzige Universität der Stadt ist auch bei deutschen Austauschstudenten sehr beliebt.

Die Aussichten für Auswanderer auf Arbeit sind in den städtischen Regionen besonders gut. In anderen Teilen des Landes kann das durchaus anders sein. Ob und wie schnell jemand auf dem schwedischen Arbeitsmarkt Fuß fassen kann, hängt auch von der beruflichen Qualifikation des Arbeitssuchenden ab. Bedarf besteht vor allem an Medizinern, Pädagogen und einigen Handwerksberufen.

Schweden verfügt über ein umfassendes Sozialversicherungsnetz, das einen guten Schutz vor den meisten Unwägbarkeiten des Alltags bietet und

Tiefe Täler mit glasklaren Flüssen, ausgedehnte Nadelwälder und flechtenüberzogene Felsen bestimmen das Erscheinungsbild von Lappland. Die dünn besiedelte Landschaft im Norden Schwedens ist die Heimat der Samen, der Urbevölkerung von Lappland.

ganz nach Bedarf in verschiedenen Abstufungen abgerufen werden kann, zum Beispiel im Falle herabgesetzter Arbeitsfähigkeit. Ganz umsonst sind allerdings auch in Schweden nicht alle Leistungen. So werden Zahnbehandlungen nur anteilig von der Versicherung übernommen. Da die Zahnärzte ihre Preise selbst festlegen, machen sowohl eine Zusatzversicherung als auch ein Preisvergleich zwischen verschiedenen Ärzten Sinn.

Die Aussichten, einen Arbeitsplatz in Schweden zu erhalten, sind gut. Wichtige Voraussetzung ist die Beherrschung der schwedischen Spra-

che. Gefragt sind vor allem Fachärz[te], Zahnärzte, Pflegepersonal, Heba[m]men, Klempner, Betonarbeiter, Fl[ie]senleger, Schweißer, Lehrer und K[fz-]Mechaniker. Auch Köche und Bäc[ker] haben gute Aussichten. Nach Ang[a]ben der Bundesagentur für Arb[eit] schätzt das schwedische Institut [für] Privatwirtschaft, dass Alleinstehe[nde] etwa 582 Euro im Monat zum Leb[en] brauchen, Paare rund 868 Euro. H[inzu] zu kommen die Mieten, die natürl[ich] in Stockholm höher sind als anders[wo] im Land. Demgegenüber stehen m[o]natliche Verdienste von rund 25[00] Euro (Pflegefachkräfte) bis rund 50[00] Euro (Mediziner).

Top Ten und Traumländer: 20 beliebte Ziele

er ein zu niedriges oder gar kein nkommen hatte, mindestens drei hre in Schweden gelebt hat und 5 Jahre alt ist, hat Anspruch auf arantie-Rente. Für den vollen Anruch auf die Garantie-Rente muss an allerdings 40 Jahre in Schween gelebt haben. Schulpflicht beeht in Schweden vom 7. bis zum 16. bensjahr. Nahezu alle Schulkinder echseln nach den obligatorischen eun Grundschuljahren noch auf n Gymnasium mit drei weiteren huljahren.

Die wichtigsten Fakten auf einen Blick

Einwohner	9,2 Millionen
Fläche	449 696 km²
Amtssprachen	Schwedisch
Hauptstadt	Stockholm
Währung	Schwedische Krone (SEK) 1 € ≈ 9,67 SEK; 1 SEK ≈ 0,10 €
Zeitverschiebung (gegenüber MEZ)	-
Bruttoinlandsprodukt	319 Milliarden € (2007)
Bruttoinlandsprodukt je Einwohner	36 045 € (2007)

Land und Klima

hweden zieht sich über 1600 km n der sommerlich warmen Küste Südwesten bis zur kalten Tundra im Norden und erreicht dabei eine Breite von maximal 400 km. Von Norden nach Süden gliedert sich das Land in Norrland, Svealand und Götaland. Die Ostseeinseln Gotland und Öland gehören ebenfalls zu Schweden. Das dünn besiedelte Norr-

Stockholm im Winter: Etwa 30 % der Stadtfläche sind mit Wasser bedeckt, das in der kalten Jahreszeit größtenteils gefriert.

land umfasst fast drei Fünftel des Landes. Die mittelschwedische Senke von Svealand bildet die Kernlandschaft Schwedens. Im Zentrum des südschwedischen Götaland liegt die moorreiche, flachwellige Hochfläche Småland. Die Hochebene wird von einer Hügellandschaft umrahmt, in der zahlreiche langgestreckte, ebenfalls während der Eiszeit entstandene Seen liegen.

Wegen der großen Nord-Süd-Erstreckung reicht die Klimapalette von der gemäßigten Westwind- bis zur polaren Klimazone. Der Norden weist ein relativ gemäßigtes Klima auf, das er dem Einfluss des Atlantiks zu verdanken hat. Nach Osten wird das Klima kontinentaler, dort wechseln sich trockenwarme Sommer mit kalten Wintern ab. Der Bottnische Meerbusen ist fünf Monate lang vereist. Die Niederschläge nehmen von Osten nach Westen zu.

NEUSEELAND

Obwohl Neuseeland am anderen Ende der Welt liegt, zieht es immer mehr Auswanderer in den Inselstaat im südlichen Pazifik. Mit seinem von alpinen bis zu subtropischen Landschaften reichenden Spektrum ist Neuseeland außerordentlich reizvoll. Obwohl die großen Reisenationen in weiter Entfernung liegen, kommt dem Tourismus eine wachsende Bedeutung zu. Aufgrund der groß-

en Entfernung zu den wichtigste Außenhandelspartnern komr dem Luftverkehr auch für den G tertransport große Bedeutung z Die meisten Waren werden ab aus Kostengründen per Schiff au geführt. Im Binnenverkehr spie das gut ausgebaute Straßennetz c dominierende Rolle; Eisenbahne gibt es nur an den flachen Küste abschnitten. In den letzten Jah zehnten haben sich die Bindunge an das einstige Mutterland Großb tannien gelockert, denn seine po tische und wirtschaftliche Zukur sieht Neuseeland immer mehr i pazifisch-asiatischen Raum.

In den 1970er-Jahren erlebte Ne seeland eine schwere wirtschaftlic Rezession. Mit der Erschließu neuer Märkte vor allem in Austra en, Japan und den USA sowie dur weitreichende Deregulierungen u Privatisierungen erfuhr die Wirtsch jedoch einen neuen, nachhaltig Aufschwung.

Wer in Neuseeland arbeiten möch hat ausgezeichnete Chancen für nen Neuanfang, wenn er einen qu lifizierten Abschluss in den Bereich Medizin oder Informatik nachweis kann. Auch einige Handwerksberu sind gefragt. Das gilt allerdings n bei einem bereits gestellten Einwa derungsantrag. Ohne diesen Antr muss der zukünftige Arbeitgeb nachweisen, dass er für die freie St le keinen geeigneten Neuseelän finden konnte. In diesem Fall reic auch eine Arbeitserlaubnis. Etw leichter ist es für junge Leute bis

Wetter

Auckland

Durchschnittstemperatur wärmster Monat (Februar): 23,9 °C

Durchschnittstemperatur kältester Monat (Juli): 8,0 °C

Niederschlag pro Jahr: 1256 mm

Durchschnittliche tägliche Sonnenscheindauer: 5,7 Stunden

Top Ten und Traumländer: 20 beliebte Ziele

Familie Mayer
Hamilton, Neuseeland

»Zu den schönsten Erlebnissen in unserer neuen Heimat zählen die Hilfsbereitschaft und die Freundlichkeit, mit denen wir als Neuankömmlinge willkommen geheißen wurden. Die ersten Sonnentage am Strand waren auch überwältigend.«

ahren, die nur für maximal zwölf Monate ins Land kommen. Ihnen eicht ein sogenanntes Working-Holiday-Visum, um einen Job in Neueland annehmen zu können.

Abgaben zur Sozialversicherung gibt es in Neuseeland nicht. Hier wird die soziale Absicherung aus Steuergeldern finanziert. Allerdings sind sowohl eine zusätzliche Kranken-

Neuseeland ist reich an Naturschönheiten: Blick auf den Lake Pukaki, der durch sich zurückziehende Gletscher entstanden ist.

als auch eine Rentenversicherung die Regel. Da es mit Erreichen der Altersgrenze nur einen einheitlichen Satz gibt, muss man sich privat absichern, wenn man im Alter mehr Geld zur Verfügung haben möchte. Viele neuseeländische Arbeitgeber beteiligen sich jedoch an diesen Kosten.

In Neuseeland besteht vom 6. bis zum 16. Lebensjahr Schulpflicht. Bildung genießt in dem Land einen sehr hohen Stellenwert. Rund ein Drittel aller Einheimischen besitzt einen international anerkannten Hochschulabschluss.

Tanz auf dem Vulkan

In Auckland kann man das wörtlic nehmen. Der Ballungsraum, der run 1,3 Millionen Menschen beherberg breitet sich auf rund 50 Vulkanen au Zum Glück sind alle inaktiv, so da man die spektakuläre Landschaft aller Ruhe genießen kann. Aucklar ist zwar nicht die Hauptstadt Neuse lands, aber das Herz des Landes. Rur ein Drittel aller Neuseeländer wohnt der multikulturellen Stadt. Hier lebe Europäer neben Maori, Asiaten ur Polynesiern harmonisch zusammen.

Auckland liegt an geschützten Meeresbuchten. In der größten Stadt Neuseelands herrscht seit Jahren ein Bauboom.

Top Ten und Traumländer: 20 beliebte Ziele

rei Viertel der Neuseeländer leben uf der Nordinsel, die Südinsel ist nur ünn besiedelt. Obwohl Neuseeland s heute ein Einwanderungsland ist, migrieren seit den 1970er-Jahren ele Neuseeländer nach Australien nd Großbritannien. Der Großteil der inwohner sind Weiße meist anglo- ischer Abstammung. Etwa 15 % der evölkerung zählen zu den Maori, hin- u kommen noch Zuwanderer aus Po- nesien und Asien. Viele Maori fühlen ch von der Regierung vernachlässigt nd sozial ausgegrenzt. Die Arbeitslo- enquote liegt unter ihnen doppelt so och wie im Landesdurchschnitt, jun- e Maori verlassen die Schule doppelt so häufig ohne Abschluss wie andere Jugendliche und die Lebenserwartung liegt um acht bis neun Jahre unter der aller Neuseeländer.

Die wichtigsten Fakten auf einen Blick

Einwohner	4,19 Millionen
Fläche	270 534 km²
Amtssprachen	Englisch, Maori
Hauptstadt	Wellington
Währung	Neuseeland Dollar (NZD)
	1 € ≈ 2,25 NZD; 1 NZD ≈ 0,44 €
Zeitverschiebung (gegenüber MEZ)	plus elf Stunden
Bruttoinlandsprodukt	87,3 Milliarden € (2007)
Bruttoinlandsprodukt je Einwohner	21 013 € (2007)

Land und Klima

Zu dem Land, das halb so groß ist wie Frankreich, zählen neben den beiden Hauptinseln die Stewartinsel, die Chathaminseln, die Kermadecinseln sowie mehrere kleine Eilande. Die Cookinseln und Niue sind selbst verwaltete assoziierte Territorien Neuseelands. Die Tokelauinseln, ein Überseeterritorium, sprachen sich Anfang 2006 gegen eine Unabhängigkeit aus. Im Norden herrscht ein subtropisches, ansonsten ein warmgemäßigtes Klima. Aufgrund des ozeanischen Einflusses variieren die Temperaturen im Jahresverlauf nur wenig. Das ganze Jahr fallen teils heftige Niederschläge. Häufig wehen kräftige Westwinde. Über die Hälfte der Landesfläche dient als Weidefläche, auf der 46 Millionen Schafe grasen.

Schafherde vor dem Mount Ruapehu: Die Schafzucht spielt nach wie vor eine große Rolle in der Landwirtschaft.

Die Maori sind berühmt für ihre traditionellen Tätowierungen sowie für den Körperschmuck aus geflochtenen Blättern.

DOMINIKANISCHE REPUBLIK

Wetter

Puerto Plata

Durchschnittstemperatur wärmster Monat (September): 32,6 °C

Durchschnittstemperatur kältester Monat (Februar): 17,2 °C

Niederschlag pro Jahr: 1565 mm

Durchschnittliche tägliche Sonnenscheindauer: 8,1 Stunden

Auf seinem Weg nach Indien entdeckte Christoph Kolumbus im Auftrag der spanischen Krone den amerikanischen Kontinent und setzte seinen Fuß zuerst auf die Insel Hispaniola. Die Hauptstadt der Dominikanischen Republik verdankt ihren Namen dem genuesischen Entdecker, der an einem Ostersonntag – spanisch »Santo Domingo« – ankam.

Der Karibikstaat, der auch heute noch in erster Linie von der tropischen Plantagenwirtschaft lebt, lockt seit dem Aufschwung der Tourismusindustrie Millionen von ausländischen Gästen an. Die Zahl derjenigen, die sich in das Urlaubsland verlieben und sich hier permanent niederlassen, steigt stetig.

Im Jahr 2003 geriet die Dominikanische Republik in die schlimmste Finanz- und Wirtschaftskrise ihrer Geschichte. Folgen waren eine hohe Arbeitslosigkeit, eine rapide Geldentwertung und eine steigende Auslandsverschuldung. Die Regierung verstärkte die handelspolitische Öffnung des Landes und unterzeichnete ein Freihandelsabkommen mit den USA. Damit konnte die wirtschaftliche Lage wieder stabilisiert werden. Drei Viertel des Territoriums dienen der Landwirtschaft, die ein Fünftel der Erwerbstätigen beschäftigt. Auf der Hälfte der Agrarfläche werden in Großbetrieben Zuckerrohr sowie Kaffee, Kakao und Tabak angepflanzt.

Karibisches Flair unter Palmen: Mit All-Inclusive-Resorts lockt die Dominikanische Republik Entspannung suchende Touristen an.

Insgesamt entfallen 70 % des Exportwertes auf Agrarprodukte. Vier Fünftel aller Agrarbetriebe dienen der bäuerlichen Selbstversorgung. In der Dominikanischen Republik werden neben Nickel- und Eisenerze auch Bauxit, Gold und Silber abge

Top Ten und Traumländer: 20 beliebte Ziele

...aut. In Freihandelszonen haben sich ...extil- und Computerunternehmen ...ngesiedelt.

...hrlich besuchen fast drei Millionen ...uristen das Land. Der überwiegend ...f Strandurlaub ausgerichtete Touris-mus erhält staatliche Förderung. Eine weitere bedeutende Devisenquelle bilden die Geldzahlungen der im Ausland lebenden Dominikaner. Das Straßennetz ist gut ausgebaut, der Schienenverkehr dient ausschließlich dem Gütertransport. Der Luftverkehr

Die Dominikanische Republik besitzt alle Attribute einer Ferieninsel: angenehmes tropisches Klima und eine wunderschöne Landschaft mit spektakulären Wasserfällen.

verfügt über fünf internationale Flughäfen und ist vor allem für den Tourismus von Bedeutung. Zu diesen Drehscheiben gehört der internationale Flughafen von Puerto Plata. Von hier aus starten die Besucher in die nahe gelegenen Touristen-Hochburgen.

Goodbye Deutschland die Auswanderer

Familie Kellerman

Dominikanische Republik

»Erstaunt hat uns die große Hilfsbereitschaft der Dominikaner. Wir hatten nicht erwartet, dass es so leicht ist, Kontakte zu knüpfen. Man braucht hier aber auch bei vielen Dingen mehr Durchsetzungsvermögen. Zu den negativen Erlebnissen gehört, dass hier nicht immer eingehalten wird, was vereinbart war.«

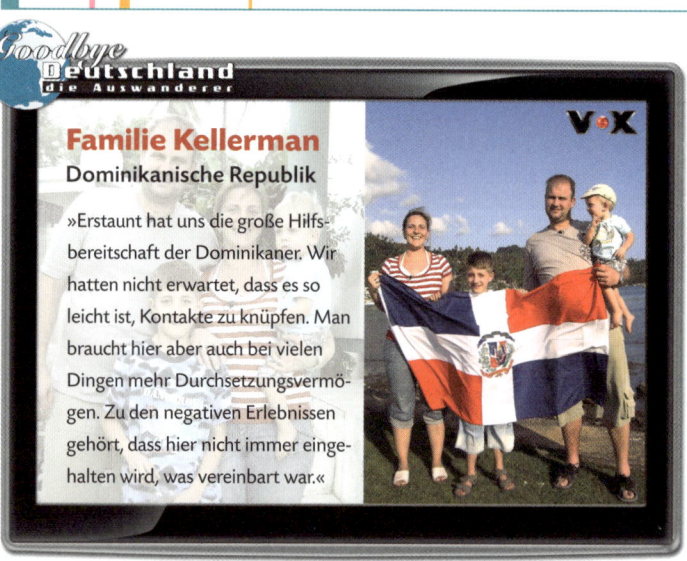

Bevölkerung

Von seinem westlichen Nachba Haiti, mit dem sich die Dominik nische Republik die Insel Hispar ola teilt, hat sich das Land bere vor über 160 Jahren getrennt. De Großteil der dominikanischen B völkerung bilden Mulatten, den Re stellen Weiße (meist altspanisch Abstammung) und Schwarze. Zw Drittel der Dominikaner wohnen Städten, davon lebt wiederum e Drittel im Hauptstadtdistrikt San Domingo. Obwohl etwa 13 % d Bevölkerung unterhalb der Armut grenze leben, ist der Lebensstanda im Vergleich zum Nachbarland Ha hoch. So halten sich rund eine M lion haitianische Arbeitsmigrante – meist illegal – in der Dominik nischen Republik auf.

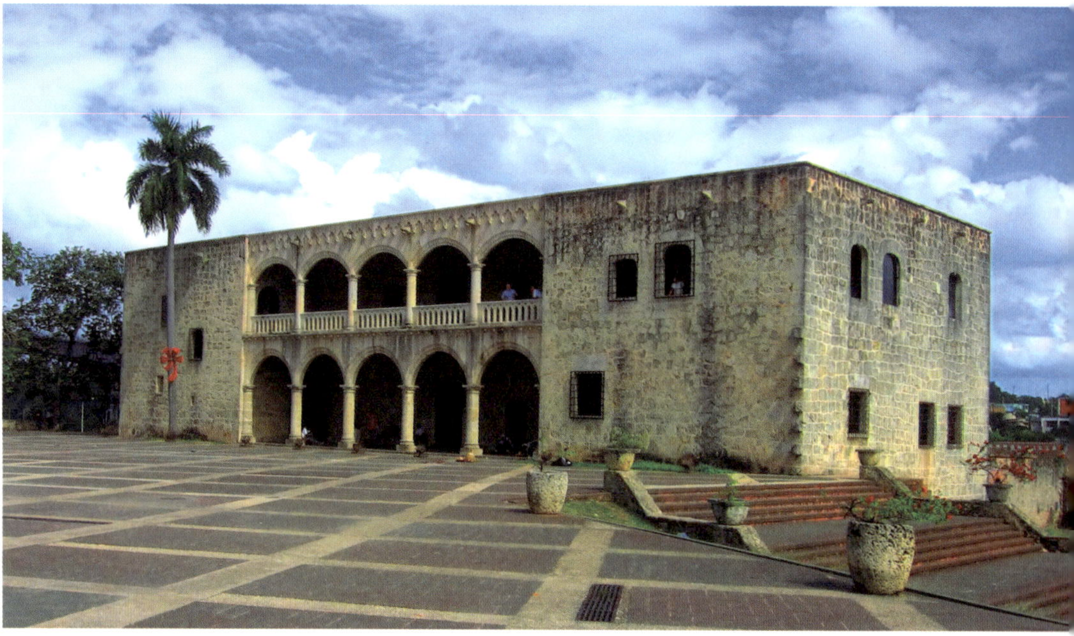

Alcázar de Colón, der unter Diego Kolumbus in Santo Domingo erbaute Palast des Vizekönigs, war im 16. Jahrhundert der Sitz der spanischen Kolonialregierung in der Neuen Welt.

eit Mitte 2007 gibt es nach einem ngen politischen Tauziehen auch in er Dominikanischen Republik ein zialversicherungssystem, das seinen amen verdient. Die Versicherung für alle Arbeiter und Angestellte bligatorisch. Allerdings bleibt abzuarten, wie sich das neu eingeführte ersicherungssystem in der Praxis beährt. Auf dem Papier zählt es jedens zu den fortschrittlichsten in ganz teinamerika.

it dem Schulbesuch nimmt man in der Dominikanischen Republik cht überall ganz so genau. Trotz lgemeiner Schulpflicht gehen vor em in den ländlichen Teilen des ndes nicht alle Kinder regelmäßig die Lehrinstitute. Eltern, die mit ren Kindern auswandern, sollten h die Schule, auf der ihr Nachuchs angemeldet wird, vorab geau anschauen.

Natur und Klima

ie Dominikanische Republik durchehen mehrere Gebirgsketten und ngssenken. Zentraler Gebirgszug die Cordillera Central, die in dem 175 m hohen Pico Duarte ihren öchsten Punkt erreicht. Es herrscht n vom Nordostpassat beeinflusstes echselfeuchtes tropisches Klima mit anzjährig hohen Temperaturen. Während auf den windzugewandten eiten der Gebirge immergrüner ropischer Regenwald wächst, weren die trockenen Hochbecken und e Küstenebenen von Trocken- und Dornsavanne eingenommen. Berg- und Nebelwälder bedecken die Hochlagen. Das Land wird im Herbst häufig von Hurrikans heimgesucht.

Die wichtigsten Fakten auf einen Blick

👥	Einwohner	9,1 Millionen
☐	Fläche	48 700 km²
💬	Amtssprachen	Spanisch
⛰	Hauptstadt	Santo Domingo
🏳	Währung	Dominikanischer Peso (DOP) 1 € ≈ 47,62 DOP; 1 DOP ≈ 0,02 €
🕘	Zeitverschiebung (gegenüber MEZ)	minus fünf Stunden
①②	Bruttoinlandsprodukt	28,6 Milliarden € (2007)
	Bruttoinlandsprodukt je Einwohner	5180 € (2007)

SÜDAFRIKA

Das Land an der Südspitze Afrikas ist ein Land der Gegensätze. Die Natur spannt einen weiten Bogen von grünen Küstenstreifen bis zu kargen Wüsten, von weiten Plateaus und tief eingeschnittenen Tälern bis zu wilden Steilküsten und einladenden Sandstränden. Südafrika ist aber auch das Land, in dem lange die Mehrheit der Schwarzen von der weißen Minderheit mit dem international geächteten Apartheidsystem unterdrückt und ausgebeutet wurde. Die Abkehr von der Apartheid verlief Anfang der 1990er-Jahre weitgehend friedlich, was insbesondere ein Verdienst Nelson Mandelas ist, des ersten schwarzen Präsidenten und bekanntesten Südafrikaners.

☀ Wetter

Pietersburg

Durchschnittstemperatur wärmster Monat (Januar): 27,8 °C

Durchschnittstemperatur kältester Monat (Juli): 4,3 °C

Niederschlag pro Jahr: 456 mm

Durchschnittliche tägliche Sonnenscheindauer: 8,5 Stunden

Die Republik Südafrika gehört zu den an Bodenschätzen reichsten Ländern der Erde und ist der bedeutendste Industriestaat des afrikanischen Kontinents. Seit dem Ende der Apartheid und der Aufhebung des Embargos 1994 verzeichnet die Wirtschaft einen starken Aufwärtstrend und erreicht stabile Wachstumsraten. Allerdings konnten die hohe Arbeitslosigkeit und das hohe soziale Gefälle noch nicht wesentlich abgebaut werden. Zudem gibt es in der wirtschaftlichen Entwicklung regional große Unterschiede.

Der Gastgeber der Fußball-WM 2010 ist ein Schwellenland. Die Kluft zwischen Arm und Reich ist enorm. Vor allem die schwarze Bevölkerung in den Vorstadt-Ghettos lebt oft in bitterer Armut. Trotz einer hohen Arbeilosenquote von rund 40 % werden Südafrika in nahezu allen Branche Fachkräfte gesucht. Arbeitslos sind v allem die Bewohner der Elendsviert der Townships. Ein großer Arbeitskrä tebedarf herrscht in den Bereiche Wissenschaft, Technologie und M dizin. Auch Krankenschwestern u Wirtschaftsspezialisten sind begeh Allerdings gibt es für alle Branche Quoten zur Einwanderung. Die Ve dienstmöglichkeiten liegen deutli unterhalb des deutschen Nivea dafür ist das Leben in Südafrika au viel preiswerter als hierzulande.

Das Sozialsystem in Südafrika befi det sich im Umbruch. Zur Zeit d Apartheid gab es im Land zwar sch eine hervorragende medizinische Ve

Der Tafelberg mit seiner plateauförmigen Oberfläche dominiert das gesamte Stadtbild von Kapstadt.

Top Ten und Traumländer: 20 beliebte Ziele

Afrikanische Strauße im Krüger Nationalpark: Das wohl berühmteste Wildreservat der Erde bedeckt eine Fläche von rund 20 000 km², was etwa der Größe von Rheinland-Pfalz entspricht.

orgung, die stand jedoch der Mehrheit der schwarzen Bevölkerung nicht zur Verfügung. Seit der Billigung des Weißbuchs zum Sozialwesen durch das Parlament im Jahr 1991 hat sich das geändert. Eine Kinderbeihilfe wurde eingeführt. Senioren und Behinderte erhalten öffentlich finanzierte Beihilfen. 1996 trat das Gesetz über die soziale Unterstützung in Kraft, das den Bereich der Sozialfürsorge regelt. Es sieht unter anderem vor, dass Arbeitgeber und Arbeitnehmer gemeinsam Beiträge zur Rentenfinanzierung, für einen Betriebsunfallfonds und eine Unfallversicherung abführen. Von diesen Regelungen profitieren vor allem die Ärmsten. Wer deutsche Standards gewöhnt ist, sollte sich auf jeden Fall privat versichern.

Blick auf den Tafelberg

Keine 50 Kilometer vom Kap der Guten Hoffnung entfernt liegt Kapstadt. Hauptstadt des Landes ist zwar Pretoria, doch Kapstadt gehört für viele Besucher zu den beeindruckendsten Städten der Welt. Wahrzeichen der Stadt ist der Tafelberg, der sich malerisch im Hintergrund des Stadtbildes erhebt und auf keiner Postkarte fehlen darf.

Land und Klima

Südafrika liegt an der Südspitze des afrikanischen Kontinents und wird

Carolina Ott
Stellenbosch, Südafrika

»Die afrikanische Natur und Tierwelt konnte mich immer aufs Neue begeistern. Die schönste Erinnerung, die ich an mein Leben in Afrika habe, ist jedoch die Freiheit. Ich habe mein ausgelassenes und sorgenfreies Leben sehr genossen.«

Ärmliche Hütten im Township Khayelitsha: Der Großteil der schwarzen Bevölkerung lebt immer noch in den Armenvierteln.

von zwei Ozeanen umgeben: dem Atlantik im Westen mit dem kalten Benguelastrom und dem Indischen Ozean im Osten mit dem warmen Agulhasstrom. Die Küste hat eine Länge von annähernd 3000 km. Hinter dem fast durchweg schmalen Küstenstreifen steigt das Land abrupt mit der Großen Randstufe zum zentralen Hochland (Highveld) auf. In den Drakensbergen, einem Gebirgszug de[r] östlichen Randstufe, entspringt de[r] längste Fluss Südafrikas, der Oranj[e.] Im Süden sind der Großen Randstu[fe] die Faltenzüge des Kapgebirges vo[r]gelagert. Zwischen den Kapkette[n] sind die von Wüsten und Halbwü[s]ten eingenommenen Beckenland[-]schaften der Großen und Kleine[n] Karoo eingelagert.

Südafrika liegt im Bereich des Tro[-]ckengürtels, der die Erde entlang de[s] südlichen Wendekreises umspann[t.] Das Klima ist subtropisch mit lange[n] Trockenzeiten und durch die Hö[-]henlage gemilderten Temperature[n.] Während des Südwinters tritt i[m] Hochland regelmäßig Frost auf. I[n] Abhängigkeit vom Südostpassat falle[n] die Niederschläge als Sommerrege[n,] nur der äußerste Südwesten liegt i[m] Einflussbereich der atlantischen West[-]winde und weist ein winterliches Nie[-]derschlagsmaximum auf.

Die wichtigsten Fakten auf einen Blick

Einwohner	47,9 Millionen
Fläche	1 219 912 km²
Amtssprachen	isi Zulu, isi Xhosa, Afrikaans, sePedi, Englisch, setswana, seSotho, xiTsonga, siSwati, tshiVenda, isiNdebele
Hauptstadt	Pretoria
Währung	Südafrikanischer Rand (ZAR) 1 € ≈ 12,56 ZAR; 1 ZAR ≈ 0,08 €
Zeitverschiebung (gegenüber MEZ)	plus zwei Stunden
Bruttoinlandsprodukt	221,9 Milliarden € (2007)
Bruttoinlandsprodukt je Einwohner	7617 € (2007)

Top Ten und Traumländer: 20 beliebte Ziele

Bevölkerung

Die Bevölkerung Südafrikas bildet eine bunte Mischung von Menschen unterschiedlichster Hautfarbe, Kultur, Religion, Sprache und Tradition. Die Apartheidpolitik teilte die Südafrikaner 1950 per Gesetz nicht nur in Schwarze und Weiße, sondern auch in Coloureds (Mischlinge) und Asiaten ein. Heute ist die Apartheid zwar beseitigt, die soziale Kluft ist aber immer noch vorhanden: Etwa 40 % der Schwarzen sind arbeitslos, über die Hälfte lebt unterhalb der Armutsgrenze. Die schwarze Bevölkerungsmehrheit gehört meist einem der zahlreichen Bantuvölker an. Die größten Gruppen sind die Zulu und Xhosa.

Bei der Bevölkerungsverteilung herrscht ein starkes Ost-West-Gefälle. Die Provinz Gauteng mit der Hauptstadt Pretoria und dem Bergbau- und Finanzzentrum Johannesburg weist die größte Bevölkerungskonzentration des Landes auf. Weitere stark wachsende Ballungszentren sind Kapstadt sowie die Gebiete um Durban und Port Elizabeth. Vor allem die Großstädte haben mit einer hohen Kriminalitätsrate zu kämpfen, weshalb wohlhabendere Bürger in abgesperrten und gesicherten Wohnanlagen leben. In Südafrika sind über 20 % der Menschen mit dem HI-Virus infiziert. Dies hat in den letzten zehn Jahren zu einem drastischen Absinken der durchschnittlichen Lebenserwartung geführt.

Jugendliche Xhosa spielen in der Kapprovinz Fußball. Südafrika wird 2010 als erste afrikanische Nation die Fußball-Weltmeisterschaft ausrichten.

MALEDIVEN

Das tropische Inselparadies mit seinen weißen Sandstränden und den bunten, artenreichen Korallenbänken lebt hauptsächlich vom Tourismus, der den Alltag der häufig noch in Armut lebenden einheimischen Bevölkerung allerdings kaum berührt. Der Tourismus, der seit Beginn der 1970er-Jahre boomt, bringt hohe Deviseneinnahmen. Vor allem Europäer genießen das angenehme tropische Klima, die komfortablen Hotelanlagen und die exquisiten Tauchgründe der Atolle. Ein traditioneller Erwerbszweig ist der Fischfang, der mehr als zwei Dritt[el] des Exports bestreitet. Wichtigste A[n]baupflanze ist die Kokospalme, die [zu] Kokosfasern, Öl und Kopra verarbeit[et] wird. Die Industrie beschränkt sich a[uf] den Bootsbau und auf Kleinbetrie[be] der Fischverarbeitung und Textile[r]zeugung sowie auf das Kunsthan[d]werk, das durch den Tourismus eine[n] Aufschwung erlebt hat. Die meiste[n] Inseln können zu Fuß erkundet we[r]den; Straßen und Autos gibt es n[ur] in der Hauptstadt Male. Schiffe u[nd] Kleinflugzeuge, auch Wasserflugzeug[e,] verbinden die von Einheimischen b[e]wohnten und die touristisch genutzte[n] Inseln miteinander.

Die barriereartigen Riffe um die Malediven zeichnen sich durch einen einzigartigen Fisch- und Korallenreichtum aus.

Top Ten und Traumländer: 20 beliebte Ziele

Hafen der Hauptstadt Male: Da der Platz auf der Tropeninsel beschränkt ist, die Bevölkerung aber stetig wächst, zählt Male zu den am dichtesten besiedelten Städten der Erde.

rch vorsichtige Liberalisierungsmaß-
hmen versucht die Regierung, aus-
dische Investoren zu gewinnen. Dies
 auch der beste Anknüpfungspunkt
 Auswanderer. Wer Geld investieren
chte bzw. genügend finanzielle Re-
ven hat, um zur Bestreitung des Le-
nsunterhalts nicht arbeiten zu müs-
, findet auf den Südseeinseln das
adies auf Erden. Für Jobsuchende
s dem Ausland bietet der nationale
beitsmarkt abgesehen von saisona-
 Beschäftigungen im Tourismusbe-
ch kaum Karrierechancen. Wer auf
 Malediven auswandern möchte,
 dies deshalb in der Regel nicht,
 seiner Karriere neuen Schwung
 verleihen. Die im Land arbeitenden
sländer verdienen meist noch deut-
 weniger als die Einheimischen. Die
sländischen Arbeitskräfte kommen
eist aus Ländern mit noch schlech-
en Arbeitsbedingungen, zum Bei-
el aus Bangladesch. Sie arbeiten zum
Teil für weniger als 100 US-Dollar im Monat. Dafür würde wohl in unseren Breitengraden niemand auswandern. Deutsche, Österreicher oder Schweizer, die sich auf den Malediven niederlassen, haben in der Regel schon den Ruhestand erreicht und müssen mit ihrer Krankenversicherung klären, ob und in welcher Form Leistungen auf den Malediven übernommen werden. Eine Zusatzversicherung ist in jedem Fall zu empfehlen.

Bevölkerung

Die Malediver sind ein Mischvolk singhalesischer, arabischer und malaiischer Abstammung und gehören dem Islam sunnitischer Richtung an, der Staatsreligion ist. Nur 200 der mehr als 1100 Inseln sind bewohnt. Für den expandierenden Tourismus

Wetter
Male

Durchschnittstemperatur wärmster Monat (April): 31,5 °C

Durchschnittstemperatur kältester Monat (Dezember): 25,1 °C

Niederschlag pro Jahr: 1951 mm

Durchschnittliche tägliche Sonnenscheindauer: 7,6 Stunden

stellt der Staat nur unbewohnte Inseln bereit, um die konservativ und traditionell lebenden islamischen Malediver vor »Überfremdung« zu schützen.

Das starke Bevölkerungswachstum hat auf einigen Inseln zu einer extrem hohen Bevölkerungsdichte mit schlechten hygienischen Bedingungen geführt, zum Beispiel zu einem Mangel an Trinkwasser. So scheint insbesondere die Hauptstadt Male aufgrund ihres Bevölkerungswachstums aus allen Nähten zu platzen. Im Gegensatz zu den anderen Inseln der Malediven geht es in Male alles andere als ruhig zu. Obwohl nur 104 000 Menschen in der Stadt leben, pulsiert hier das Leben wie in einer Großstadt.

Land und Klima

Die aus Korallenkalk bestehenden Inseln der Malediven liegen in den tropischen Gewässern des Indischen Ozeans auf einem unterseeischen Bergrücken. Sie gruppieren sich zu Atollen. Die Inseln sind von Riffen u geben, die das Land vor der Meer brandung schützen. Die durchschn lich nur zwei Meter hohen Eilande s durch den möglichen Meeresspieg anstieg infolge der anhaltenden wärmung der Erde gefährdet. Die getation auf dem wenig fruchtbar Korallenboden ist sehr einseitig u besteht vorwiegend aus Kokospalm Umso größer ist der Artenreicht unter Wasser. Wichtig zu wissen den Auswanderwilligen: Das tropisc Klima der Malediven begünstigt e sprechende Tropenerkrankungen, z Beipiel Denguefieber, Typhus od Hepatitis A und B. Der Hygiene be Essen und Trinken kommt besond Bedeutung zu, damit sich Infektio krankheiten wie Durchfall gar ni erst ausbreiten können.

DUBAI

Vor wenigen Jahren hatte kaum jema in Deutschland Dubai als Reiseziel o gar als mögliches Auswanderungsla auf der Rechnung. Viele hätten ni einmal auf Anhieb gewusst, wo Du genau liegt. Das hat sich gründlich ge dert. Heute ist Dubai zu einem attr tiven, wenn auch nicht ganz preiswer Ziel für immer mehr Menschen aus ler Welt geworden. Seit die unerme lich reichen Scheichs ihre Öl-Milliard in die Infrastruktur des Landes und Bau von immer spektakuläreren Lux Resorts stecken, verwandelt sich

Die wichtigsten Fakten auf einen Blick

Einwohner	337 000	
Fläche	298 km²	
Amtssprachen	Divehi, verbreitet Englisch	
Hauptstadt	Male	
Währung	Rufiyaa (MVR) 1 € ≈ 17,33 MVR; 1 MVR ≈ 0,06 €	
Zeitverschiebung (gegenüber MEZ)	plus vier Stunden	
Bruttoinlandsprodukt	816,7 Millionen € (2007)	
Bruttoinlandsprodukt je Einwohner	3612 € (2007)	

Top Ten und Traumländer: 20 beliebte Ziele

Das Hotel Burj al Arab ist eines der markantesten Wahrzeichen von Dubai. Seine Segelform symbolisiert die Seehandelstradition.

Durch den Dunst über Dubai ragen unzählige Baukräne, mit deren Hilfe immer mehr Wolkenkratzer errichtet werden.

bai in einen großen Märchenpark. Die Welt staunte, als das Burj al Arab, das größte Hotel der Welt, seine Pforten öffnete. Wer genug Geld hat, kann sich als Gast dort sogar im Rolls Royce zu seinen Terminen fahren lassen; was eigentlich völlig unnötig ist, denn das 321 m hohe Bauwerk bietet das komplette Angebot einer Kleinstadt.

Seit 1971 ist Dubai Mitglied der Vereinigten Arabischen Emirate. Das arabische Scheichtum am Persischen Golf hat abgesehen von der Hitze nur

noch wenig mit einem Wüstenstaat tun. Das moderne Dubai ist als Handels- und Finanzzentrum geprägt von einer imposanten Hochhaus-Skyline. Auch für Auswanderer bietet Dubai ungeahnte Möglichkeiten. Der boomende Tourismus-Sektor braucht internationales Personal. Gute Mitarbeiter benötigen auch die zahlreichen internationalen Banken in der Stadt. Auch deutsche Geldinstitute sind hier vertreten. Bevor man sich auf eines der zahlreichen Stellenangebote im Internet bewirbt, sollte man sich erst einmal an die Botschaft der Vereinigten Arabischen Emirate in Berlin wenden. Hier gibt es auch Auskünfte zu Aufenthalts- und Arbeitsgenehmigungen.

In Dubai gibt es keine Sozialversicherung. Allerdings ist zumindest die medizinische Grundversorgung kostenlos. Um alles weitere muss sich der Einwanderer selbst kümmern. Dafür gibt es auch keine Steuern. Wer also nicht sein ganzes Einkommen für die horrenden Mietpreise ausgeben muss, sollte zumindest die wichtigsten Versicherungen selbst abschließen. Viele Arbeitgeber beteiligen sich übrigens an den Mietkosten ihrer Angestellten – zumindest bei den hoch spezialisierten Fachkräften.

Bevölkerung

In Dubai leben mittlerweile so viele Bundesbürger, dass es sogar eine Deutsche Schule gibt. Insgesamt sind 85 % der Bevölkerung Ausländer. Bei aller Weltoffenheit darf man allerdings

Die wichtigsten Fakten auf einen Blick

Einwohner	1,2 Millionen
Fläche	3885 km²
Amtssprachen	Arabisch, häufig Englisch
Hauptstadt	Stadt Dubai
Währung	Dirham (AED) 1 € ≈ 4,98; 1 AED ≈ 0,20 €
Zeitverschiebung (gegenüber MEZ)	plus drei Stunden
Bruttoinlandsprodukt	151,2 Milliarden € (2007, gesamte VAE)
Bruttoinlandsprodukt je Einwohner	29 055 € (2007, gesamte VAE)

Top Ten und Traumländer: 20 beliebte Ziele

cht vergessen, dass Dubai ein muslimisches Land mit entsprechender esetzgebung ist. So ist zum Beispiel kohol in der Öffentlichkeit generell rboten. Im Land lebende nicht muslimische Ausländer dürfen in entsprehend lizensierten Restaurants und otels zwar Alkohol trinken, aber auch e dürfen sich nicht alkoholisiert in der ffentlichkeit zeigen. Das fröhliche edchen auf dem Rückweg ins Hotel nn in Dubai vor dem Richter enden d zieht in der Regel auch ziemlich biate Strafen nach sich.

a der Zugang zu einigen Schulen von stimmten Faktoren wie der Religion hängt, schicken viele Deutsche in Duai ihre Kinder auf eine der internatiolen Schulen, an denen der Unterricht Englisch abgehalten wird. Ein Problem d die teils langen Wartelisten.

Dubai wächst

ie künstliche Palmeninsel Jumeirah r der Küste ist nur der spektaku- lärste Ort, an dem in Dubai rund um die Uhr gebohrt und gehämmert wird. Eine ganze Armada von Bauarbeitern zieht an der Küste des Wüstenstaats ein Objekt nach dem anderen in die Höhe. Wenn die Bauarbeiten am Burj Dubai 2009 abgeschlossen sind, ragt das Bauwerk 810 m in die Höhe.

Doch nicht nur die größten Hotelkomplexe der Welt wachsen in Dubai mit einem unglaublichen technischen und finanziellen Aufwand in die Höhe – immerhin wird hier im wahrsten Sinne des Wortes auf Sand gebaut –; auch die modernen Wohnanlagen für die Superreichen sind heiß begehrt. Die Preise für die exquisiten Immobilien spielen dabei keine Rolle, die Kaufkraft ist vorhanden: In den Vereinigten Arabischen Emiraten leben rund 79 000 Millionäre, die zusammen über ein Vermögen von 91 Milliarden US-Dollar verfügen. Auch reiche Ausländer genießen in Dubai das steuerfreie Leben und können sich ganz ihren Geschäften und dem Luxus widmen.

☀ Wetter

Dubai

Durchschnittstemperatur wärmster Monat (Juli): 40,6 °C

Durchschnittstemperatur kältester Monat (Januar): 13,7 °C

Niederschlag pro Jahr: 94 mm

Durchschnittliche tägliche Sonnenscheindauer: 9,6 Stunden

Die Fahrt über Dünen mit großen Geländeautos ist eine beliebte Freizeitbeschäftigung.

COSTA RICA

Wetter
Puntarenas
Durchschnittstemperatur wärmster Monat (März): 35,2 °C
Durchschnittstemperatur kältester Monat (Juli): 22,0 °C
Niederschlag pro Jahr: 1510 mm
Durchschnittliche tägliche Sonnenscheindauer: 6,8 Stunden

Eine üppige immergrüne Regenwaldvegetation kennzeichnet den Nationalpark Braulio Carillo.

Christoph Kolumbus entdeckte die »reiche Küste« 1502. Wahrscheinlich stammt der Name von den vermuteten Goldvorkommen. Doch auch der beeindruckende Naturreichtum lässt Costa Rica seinen Namen zu Recht tragen. Das überwiegend von Weißen bewohnte mittelamerikanische Land, das seit 1949 keine eigenen Streitkräfte mehr unterhält, blickt auf eine vergleichsweise stabile ökonomische und politische Entwicklung zurück. Auch in andere Bereichen ist Costa Rica so etw wie das Vorzeigeland der Regio Der Lebensstandard der Bevölke rung liegt deutlich über dem de Nachbarländer. Der Bildungssekto steht im Vergleich mit den Nach barländern gut da. Costa Rica h eine zehnjährige Schulpflicht. E gibt so gut wie keine Analphabete im Land.

Die afrikanischen, asiatischen ur indianischen Bevölkerungsgruppe bilden kleine Minderheiten. D

Top Ten und Traumländer: 20 beliebte Ziele

Zentrum von San José: Da die Hauptstadt von Costa Rica erst im 18. Jahrhundert gegründet wurde, findet man im Gegensatz zu den meisten anderen lateinamerikanischen Hauptstädten kaum Kolonialarchitektur.

älfte der Einwohner lebt in der entralen Ebene, die allerdings nur % der Staatsfläche einnimmt. Das lativ hohe Bevölkerungswachstum t auf die starke Einwanderung aus em Nachbarland Nicaragua zu- ückzuführen. Seiner erfolgreichen esundheitspolitik verdankt Costa ica eine der geringsten Säuglings- erblichkeiten Lateinamerikas.

Modernes Großstadtleben

as Leben der rund 320 000 Ein- ohner von San José, der Haupt- adt von Costa Rica, unterscheidet ch deutlich von dem der Landbe- ölkerung. Das Ambiente ist mo- ern, die Stadt großzügig angelegt. ie unterschiedlichsten Industrie- weige sind hier ansässig, von der ahrungsmittel- bis zur chemischen dustrie.

Bereits im Jahr 1843 wurde die Universität St. Thomas gegründet. In der Stadt trifft man häufig auf deutsche Studenten, da die 1940 gegründete Universidad de Costa Rica intensive Austauschprogramme pflegt. Die Hochschule entspricht in ihrem Bildungsangebot auch internationalen Standards. Die Austauschprogramme sind eine gute Gelegenheit, Land und Leute durch einen halb- oder ganzjährigen Aufenthalt besser kennenzulernen und zugleich die Spanischkenntnisse aufzupolieren.

Freihandel und Tourismus

Costa Rica konnte seine einseitige Abhängigkeit vom Kaffee- und Bananenexport überwinden. Durch die Einrichtung von Freihandelszonen, in denen ausländische Hightech-Fir-

Faultiere sind an eine hangelnde Lebensweise angepasst und leben in den Baumkronen der tropischen Regenwälder von Costa Rica.

men sowie chemische und Metall verarbeitende Industrien angesiedelt sind, und den zunehmenden Tourismus wurde die Wirtschaft auf eine breitere Basis gestellt. Die einheimische Industrie konzentriert sich auf die Herstellung von Textilien und Nahrungsmitteln. Da lukrative Arbeitsplätze in dem kleinen zentralamerikanischen Land weiterhin rar sind, ist Costa Rica eher ein Ziellar für finanzkräftige Auswanderer, d ihr Geld investieren möchten. Ei Anreiz dafür sind die niedrigen Steu ersätze. Beim Tourismus setzt da Land auch auf Ökotourismus. Etw 25 % der Fläche sind Naturschutzge biete. Die Nähe zu den USA und d angenehme Atmosphäre locken vie US-Amerikaner nach Costa Rica.

Auch in Costa Rica sind alle Arbei nehmer sozialversicherungspflichti Ein staatliches Gesundheitsprogram gibt es jedoch erst seit wenigen Jah zehnten. Davon profitiert vor alle die Bevölkerung in den Städten, i denen die medizinische Versorgur durchaus zufriedenstellend ist. A dem Land, wo immerhin 52 % de Bevölkerung leben, kann das durch aus anders aussehen.

Aline Hock
Costa Rica

»Bei meiner Ankunft in Costa Rica war ich sehr aufgeregt, da ich viele haarsträubende Beschreibungen bekommen hatte und außerdem noch mitten in der Nacht in der Hauptstadt landete. Als ich am nächsten Tag durch San José schlenderte, stellte ich erleichtert fest, dass mich die Stadt und die Leute sehr an Süditalien erinnerten, ein eigentlich absurder Vergleich, aber doch beruhigend für meine zu Hause mitfiebernde Familie.«

Top Ten und Traumländer: 20 beliebte Ziele

Der Krater des Vulkans Poás ist mit einem Säuresee gefüllt, dessen ätzendes Wasser intensiv türkisblau schimmert.

Land und Klima

on Nordwesten nach Südosten durchehen das Land mehrere Gebirgsketten er Zentralamerikanischen Kordilleren it teils noch aktiven Vulkanen. Das uf 1100 bis 1500 m Höhe gelegene ecken des Valle Central bildet den irtschafts- und Siedlungsschwerpunkt es Landes. An der Karibikküste liegt n immerfeuchtes Schwemmland, das berwiegend von tropischem Regenald eingenommen wird. Trockenwald edeckt das hügelige Küstenland am azifik. Dank seiner landschaftlichen elfalt weisen Flora und Fauna Costa cas eine außerordentliche Artenvielt auf. Etwa ein Drittel der Staatsfläe steht unter Naturschutz. Das Land rd häufig von Vulkanausbrüchen und Erdbeben heimgesucht. Auch Hurrikans streifen gelegentlich Costa Rica. An der Karibikküste herrscht ein tropisches Klima, an der Pazifikküste ein wechselfeuchtes Klima.

Die wichtigsten Fakten auf einen Blick

Einwohner		4,4 Millionen
Fläche		51 100 km²
Amtssprachen		Spanisch
Hauptstadt		San José
Währung		Colones (CRC) 1 € ≈ 701,65 CRC; 1 CRC ≈ 0,001 €
Zeitverschiebung (gegenüber MEZ)		minus sieben Stunden
Bruttoinlandsprodukt		20,5 Milliarden € (2007)
Bruttoinlandsprodukt je Einwohner		4640 € (2007)

ARGENTINIEN

Bereits Ende des 19. und Anfang des 20. Jahrhunderts war Argentinien ein beliebtes Einwanderungsland für europäische Emigranten, die die Indios und Mestizen größtenteils verdrängten. Das zeigt sich heute in der Bevölkerungsstruktur: 90 % der Einwohner sind Weiße, zwei Drittel haben spanische oder italienische Vorfahren. Nur im Gran Chaco, den Anden und im Süden des Land[es] leben noch etwa 35 000 Indianer.

Wirtschaftliches Auf und Ab

Der Export von Getreide, Wolle u[nd] Rindfleisch machte das Silberlar[d] – der Name Argentinien leitet si[ch]

Top Ten und Traumländer: 20 beliebte Ziele

m lateinischen »argentum« für Silber ab – Anfang des 20. Jahrhunderts einem wohlhabenden Staat. Seit er Abwertung des Pesos 2002 hat er internationale Tourismus an Bedeutung gewonnen. Drei Millionen Ausländer reisen jährlich nach Argentinien. Die Einnahmen aus dem Tourismus belaufen sich auf über zwei Milliarden US-Dollar im Jahr. Durch die Errichtung moderner Freizeitanlagen versucht man, vor allem zahlungskräftige Touristen aus den Industrieländern anzulocken. Zu den bevorzugten Reisezielen zählen die Wasserfälle von Iguaçú und die Nationalparks der Anden, hier vor allem die Gletscherregion Los Glaciares, ferner Feuerland sowie die Halbinsel Valdés mit ihrer Meeresfauna, die fossilienreichen Naturparks Ischigualasto und die Felslandschaft Talampaya.

Wer aus beruflichen Erwägungen nach Argentinien auswandern möchte, sollte dies sehr gut planen. Die Auswirkungen der massiven Wirtschaftskrise um die Jahrtausendwende sind nach wie vor spürbar. Der argentinische Arbeitsmarkt ist trotz Schaffung zahlreicher neuer Stellen in den letzten Jahren weiterhin stark angespannt. Der Bedarf an ausländischen Arbeitskräften ist gering. Argentinien hat eine hohe Arbeitslosenrate. Die Chancen für Geringqualifizierte, im Land beruflich Fuß zu fassen, gehen gegen Null. Etwas besser sieht es bei Informatikern und Ingenieuren aus. Auch Techniker haben eine Chance, wenn sie ein bisschen Geduld bei der Arbeitssuche mitbringen. Einen ersten Überblick kann man sich beim argentinischen Arbeitsministerium verschaffen (www.trabajo.gov.ar).

Das Leben in Argentinien ist erheblich preiswerter als in Deutschland. Die Lebenshaltungskosten liegen bei nur gut 50 %, allerdings mit steigender Tendenz. Vor allem in Buenos Aires sind Mieten in guten Wohnlagen vergleichsweise teuer.

Wetter
Buenos Aires

Durchschnittstemperatur wärmster Monat (Januar): 29,9 °C

Durchschnittstemperatur kältester Monat (Juli): 7,6 °C

Niederschlag pro Jahr: 1147 mm

Durchschnittliche tägliche Sonnenscheindauer: 6,8 Stunden

Der Tango, der sich aus den unterschiedlichen Musikstilen der Einwanderer entwickelte, ist ein fester Bestandteil der Volkskultur.

Buenos Aires liegt am Südufer des Rio de la Plata, des breiten Mündungstrichters der großen südamerikanischen Ströme Paraná und Uruguay.

Zwischen Argentinien und Deutschland gibt es kein Sozialversicherungsabkommen. Die in einem Land abgeführten Beiträge werden also im anderen Land nicht anerkannt, bzw. nach einer eventuellen Rückkehr in die alte Heimat nicht erstattet. Arbeitnehmer sind in Argentinien über den Arbeitgeber bei einer Unfall- und Lebensversicherung gemeldet. Außerdem müssen sie einen festen Prozentsatz ihres Gehalts in die Rentenkasse einzahlen. Im Land der Gauchos besteht auch eine Krankenversicherungspflicht, die allerdings im Krankheitsfall nur für eine Grundversorgung aufkommt.

Die wichtigsten Entscheidungen in Argentinien fallen im Raum Buenos Aires. In der Hauptstadt des Landes leben fast drei Millionen Menschen, im gesamten Ballungsgebiet rund zwölf Millionen. Nahezu ein Drittel aller Argentinier wohnt am Rio de la Plata.

Die Wahl der Schule will in Argentinien mit Bedacht vorgenomme[n] werden. Auf die neunjährige Basi[s]ausbildung folgt ein komplexes Sy[s]tem weiterführender Schulen m[it] zum Teil völlig unterschiedliche[n] Anforderungen, Abschlüssen u[nd] Befähigungsnachweisen. Allerding[s] berechtigen alle weiterführende[n] Abschlüsse zum Studium.

Land und Klima

Der zweitgrößte Staat Lateinamerik[as] bietet vom subtropischen Regenwa[ld] bis zur patagonischen Steppe ein[e] enorme landschaftliche Vielfalt. I[m] Zentrum und Osten Argentinien[s] erstreckt sich das weite Tiefland m[it] der Pampa, dem Gran Chaco u[nd] dem Zwischenstromland, der Süde[n] wird von den weiten Tafelländer[n] Patagoniens eingenommen, währen[d]

Zwei argentinische Musiker in Buenos Aires mit Gitarre und Bandoneon, einer aus Deutschland stammenden Zieharmonika

Top Ten und Traumländer: 20 beliebte Ziele

Der rund 30 km lange Perito-Moreno im Nationalpark Los Glaciares ist einer der wenigen noch wachsenden Gletscher der Erde.

ch im Westen die gewaltige Andenette erhebt. In der östlichen Pampa ird heute intensive Landwirtschaft etrieben, so dass diese Region die ornkammer des Landes bildet. der westlichen Pampa wachsen ährstoffreiche Gräser, die als Futergrundlage für Millionen Rinder enen. Im äußersten Nordosten des andes bedeckt subtropischer Regenald die Ausläufer des Brasilianischen erglandes.

ufgrund der großen Nord-Süd-Ausehnung Argentiniens ist das Klima es Landes genauso vielfältig wie eine Landschaften und reicht von ubtropisch-heiß im Norden bis zu ubpolar-kühl im Süden. Der größte eil des Landes befindet sich in den emäßigten Breiten. Das Klimaphä-

nomen El Niño kann zu besonders starken Niederschlägen und Überschwemmungen führen. Der Pampero, ein polarer Südwind, bringt starke Temperaturabfälle mit sich.

Die wichtigsten **Fakten** auf einen Blick

!!!	Einwohner	38,9 Millionen
☐	Fläche	2 780 400 km²
💬	Amtssprachen	Spanisch
🏛	Hauptstadt	Buenos Aires
⌔	Währung	Argentinischer Peso (ARS) 1 € ≈ 4,38 ARS; 1 ARS ≈ 0,23 €
⏱	Zeitverschiebung (gegenüber MEZ)	minus vier Stunden
①②	Bruttoinlandsprodukt	204 Milliarden € (2007)
	Bruttoinlandsprodukt je Einwohner	10 287 € (2007)

109

Unumgängliche Formalitäten: Einreise und Jobsuche

Steht der Entschluss fest, ins Ausland zu gehen, beginnt die Zeit der konkreten Vorbereitungen. Bis alle erforderlichen Unterlagen beisammen sind, müssen einige bürokratische Hürden genommen werden. Wer sich bereits im Vorfeld um alle Formalitäten kümmert, kann sich im Zielland viel Ärger ersparen.

Vorhergehende Doppelseite: Internationaler Impfpass (großes Bild); vor der großen Reise in die neue Heimat ist eine ärztliche Kontrolluntersuchung sinnvoll (kleines Bild oben); britische Botschaft in Berlin (kleines Bild unten)

Wäre es nicht schön, wenn man einfach sein Hab und Gut packen und in die Ferne ziehen könnte, wenn es hier einmal nicht so richtig rund läuft? Trotz der Öffnung vieler Grenzen ist dies allerdings nicht ganz so leicht. Sogar beim Umzug in ein anderes EU-Land müssen, trotz der Freizügigkeit bei der Wahl von Wohn- und Arbeitsort, einige Formalia beachtet werden. Mit diesen Bestimmungen sollten sich Auswanderwillige am Besten schon im Vorfeld beschäftigen. Wer nicht allein wegzieht, sondern das Land mit Familie und eventuell auch noch Haustieren verlassen möchte, muss natürlich dafür Sorge tragen, dass die gültigen Bestimmungen des Ziellandes für alle Mitreisenden eingehalten werden.

Goodbye Deutschland – die Auswanderer

Peter Kleuters & Susanne Förster
Niederländische Antillen, Karibik

»Die Menschen, die auswandern möchten, sollten schon in Deutschland sämtliche Papiere und Dokumente besorgt haben und nicht erst im neuen Heimatland damit anfangen.«

Einfacher Umzug innerhalb der EU

Selbst innerhalb der Europäischen Union ist ein Wohnortwechsel nicht ganz unproblematisch. Sie erinnern sich wahrscheinlich noch mit Grauen an Ihren letzten Umzug innerha[lb] Deutschlands. Obwohl Sie vielleic[ht] nur ein paar Häuserblocks weiter we[g] gezogen sind, ist sicher einiges schi[ef] gegangen. Nun liegen ein paar Hu[n]dert oder gar Tausend Kilometer v[or] Ihnen. Was jetzt vergessen wird, läs[st] sich so schnell nicht wieder zurüc[k] holen. Wenigstens sind die formale[n] Spielregeln bei einem Umzug inne[r]halb der EU sehr leicht einzuhalten

In der Europäischen Union gelte[n] besondere Freizügigkeits- und Au[f]enthaltsregelungen. Diese bezieh[en] sich auf die 15 alten Mitgliedsstaate[n] also Belgien, Dänemark, Deutsch[]land, Finnland, Frankreich, Griechen[]land, Großbritannien, Irland, Italie[n] Luxemburg, Niederlande, Österreic[h] Portugal, Schweden und Spanie[n.] In diesen Ländern gibt es für dere[n] Bürger keine Beschränkungen bei d[er] Arbeitssuche. Jeder EU-Bürger kan[n] sich den Ort, an dem er leben un[d] arbeiten möchte, frei aussuchen. Au[s]genommen hiervon sind lediglich Be[]rufe im öffentlichen Dienst. Hier kan[n] es von Land zu Land unterschiedlich[e] Regelungen geben. Ansonsten gilt d[as] Prinzip der Gleichbehandlung. Inne[r]halb dieser 15 EU-Länder können S[ie] sich also um offene Arbeitsstellen be[]werben, wie jeder Einheimische auc[h.] Die sogenannte Arbeitnehmerfreizü[]gigkeit gilt jedoch nicht automatisc[h] für diejenigen Mitgliedsländer, d[ie] erst nach dem 1. Mai 2004 in die E[U] aufgenommen worden sind (Estlan[d,] Lettland, Litauen, Malta, Polen, Slo[]wenien, Slowakei, Tschechien, Ungar[n] und Zypern). Hier kann es im Einze[l]fall Sonderregeln geben.

Unumgängliche Formalitäten: Einreise und Jobsuche

bald Sie sich länger als drei Monate Ihrer Wahlheimat aufhalten – und von kann man bei Auswanderern ja sgehen – erwartet man von Ihnen n Nachweis, dass Sie Ihr Geld entwe- r in einer abhängigen Tätigkeit oder Selbstständiger verdienen. Sollten

Wenn Sie mit einem Partner auswandern wollen, der nicht EU-Bürger ist, kann auch der innerhalb der Europäischen Union problemlos umziehen, wenn zumindest Sie die eben genannten Voraussetzungen erfüllen. Nach fünf Jahren Aufenthalt in Ihrer

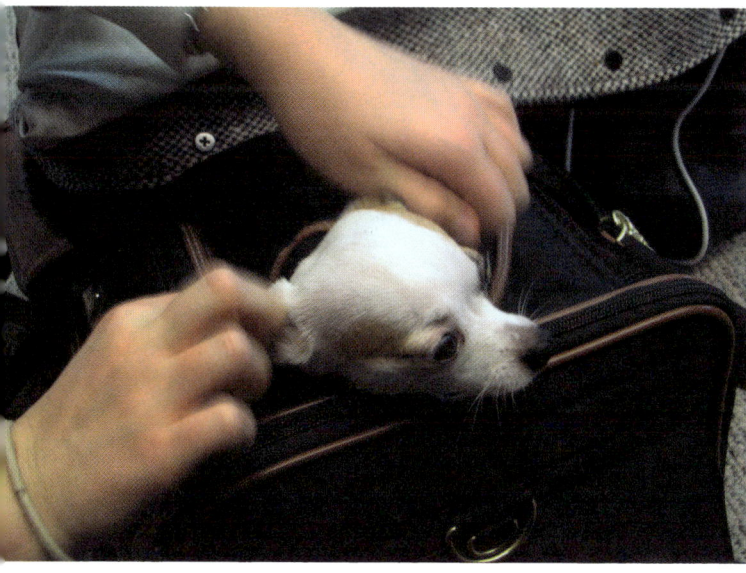

Wollen Sie Ihre Haustiere mitnehmen, müssen Sie bestimmte Regelungen beachten. Innerhalb der Europäischen Union ist beispielsweise ein spezieller Heimtierausweis vorgeschrieben.

jedweder Form von Arbeit den Rü- n gekehrt haben, ist das auch kein blem, solange Sie die hierzu not- ndigen finanziellen Mittel vorwei- können, zum Beispiel in Form einer te. Die zweite wichtige Vorausset- g, auf die im Zielland geachtet wird, der Nachweis einer Krankenversi- rung. Sobald Sie sich in Deutschland gemeldet haben, fallen Sie auch aus deutschen Krankenversicherung. Privatversicherten kann es jedoch zielle Vereinbarungen geben. Mit sen Regelungen soll ein Missbrauch n staatlichen Unterstützungen unter- den werden.

neuen Heimat können Sie das Daueraufenthaltsrecht erwerben. Sobald Sie in einem anderen EU-Staat eine Arbeit angenommen haben, unterliegen Sie den gleichen Regelungen für ein Beschäftigungsverhältnis, die auch für Ihre einheimischen Kollegen gelten.

Arbeitslosigkeit allein ist kein Grund, die Freizügigkeit innerhalb der EU zu verweigern. Selbstverständlich kann sich jeder Arbeitssuchende auch in einem anderen EU-Land nach einer Stelle umschauen, wenn die Aussichten dort größer erscheinen. Er kann sich sogar sein Arbeitslosengeld

Jörg Gerstmann & Andrea Schor
Carriacou, Karibik

»Man sollte das Land kennen, in das man auswandern will, ebenso die Kultur und die gesetzlichen Gegebenheiten. Auch sollte man sich vorher um die Arbeits- und Aufenthaltserlaubnis und um die Gesundheitsvorsorge kümmern.«

nachsenden lassen. Hierfür ist allerdings ein zeitlicher Rahmen gesetzt, der je nach EU-Land zwischen drei und sechs Monaten liegt.

Pflichtimpfungen gibt es innerhalb der Europäischen Union natürlich auch nicht. Es ist aber empfehlenswert, den Impfpass bei allen Familienmitgliedern mit dem Hausarzt durchzusprechen, um eventuell nötige Auffrischungen vornehmen zu lassen. Er kann Ihnen auch die Frage beantworten, ob für Ihr Zielland eventuell weitere Impfungen empfehlenswert sind, zum Beispiel die FSME-Impfung, die vor der durch Zecken ausgelösten Frühsommer-Meningoenzephalitis (Entzündung von Gehirn und Hirnhäuten) schützt.

Wer sein Haustier mitnehmen will, muss in fast allen EU-Ländern für Hunde und Katzen zumindest die Impfung gegen Tollwut im EU-Heimtierausweis in den vorgeschriebenen Abständen nachweisen. Wie dieser Ausweis auszuseh[en] hat und wie er geführt werden mu[ss] ist genau festgelegt. Die letzte Impfu[ng] muss in der Regel einen Monat v[or] der Einreise in das Zielland stattgefu[n]den haben. Einige Länder, zum Beisp[iel] Großbritannien und Irland, besteh[en] zudem auf einem Nachweis von A[n]tikörpern. In jedem Fall empfiehlt s[ich] bei der Mitnahme von Tieren [ein] frühzeitiger Besuch beim Tierarzt. W[er] Haustiere in ein Land außerhalb der [EU] mitnehmen möchte, sollte sich mit [der] Botschaft des jeweiligen Ziellandes [in] Verbindung setzen.

Polen öffnet seinen Arbeitsmar[kt] für EU-Bürger

Obwohl Polen seit 2004 Mitglie[d] der EU ist, gelten in dem Land ein[ige] Übergangsregelungen. Es besteh[en] zum Beispiel Einschränkungen bei [der] Arbeitnehmerfreizügigkeit. EU-Bü[rger] die sich länger als drei Monate in [Po]len aufhalten, sind verpflichtet, ih[ren]

Unumgängliche Formalitäten: Einreise und Jobsuche

fenthalt registrieren zu lassen. Der
trag muss persönlich beim zustän-
gen Wojewoden (Repräsentant der
ntralregierung im jeweiligen Verwal-
ngsbezirk) gestellt werden. Hierzu ist
n Beschäftigungsnachweis oder eine
hriftliche Erklärung eines künftigen
beitgebers abzugeben, in der die
absichtigte Einstellung des Arbeit-
hmers bestätigt wird. Eine Arbeits-
aubnis benötigen EU-Bürger nicht.

e Schweiz sucht nach beitskräften

owohl in der Schweiz gilt, dass Ar-
itsplätze nur dann mit Ausländern
setzt werden dürfen, wenn sich kein
äquat ausgebildeter Einheimischer
det, stehen die Chancen für auslän-
che Arbeitsuchende gut. In vielen
reichen herrscht nämlich ein Man-
l an Arbeitskräften. Sogar Arbeitsu-
ende können sich in der Schweiz bis
 drei Monate ohne Aufenthaltsbe-
ligung nach einer Stelle umsehen.
e öffentliche Arbeitsvermittlung
ft dabei allerdings nicht. Doch re-
onale Arbeitsvermittlungszentren
ten eine Vielfalt an offenen Stellen
 (siehe Serviceteil Seite 179). Um
 Aufenthaltsgenehmigung müssen
 sich nicht selbst kümmern. Sobald
 einen Arbeitsplatz haben, bean-
gt der Arbeitgeber diese bei der
ntonalen Fremdenpolizei. Die Auf-
thaltsgenehmigung ist in der Regel
nächst für fünf Jahre gültig. Unfall-,
nten- und Arbeitslosenversiche-
ng sind für Arbeitnehmer obliga-
risch. Um die Krankenversicherung
ss sich jeder selbst kümmern. Eine
pfung gegen FSME kann in einigen
en des Landes sinnvoll sein.

Türkei: Problemloser Neuanfang

Die Türkei klopft ja schon seit einiger Zeit an die Türen der EU. Entsprechend problemlos ist ein Umzug in das Land. Wer einen Arbeitsvertrag mit einem türkischen Arbeitgeber in der Tasche hat, kann beim zuständigen Konsulat in Deutschland eine Arbeitserlaubnis beantragen. Probleme kann es dagegen bei der Anerkennung von deutschen Universitätsabschlüssen geben. Das lässt sich aber im Vorfeld über die Deutsch-Türkische Handelskammer abklären. Wer bereits einen Arbeitsvertrag unterschrieben hat, dürfte diese Hürde allerdings wohl schon erfolgreich genommen haben. Trotz hoher Arbeitslosigkeit werden in der Türkei Facharbeiter gesucht. Der Gesundheitsdienst des Auswärtigen Amts empfiehlt einen Impfschutz gegen Tetanus, Diphtherie, Polio und Hepatitis A, bei längeren Aufenthalten in der Türkei auch gegen Hepatitis B, Tollwut und Typhus.

USA: Ohne Greencard läuft nichts

Die USA sind zwar ein klassisches Einwanderungsland, allerdings müssen einige Hindernisse überwunden werden. Einwandern darf nur, wer im Land benötigt wird. Für den deutschen Auswanderer ist es also schon nicht mehr ganz so unkompliziert, ein Beschäftigungsverhältnis anzunehmen. Grundvoraussetzung für die Einreise ist ein gültiges Visum. Bei längeren Aufenthalten und für die Aufnahme einer beruflichen Tätigkeit benötigt man außerdem eine Aufenthalts- sowie eine Arbeitserlaubnis. Wer es gerne spannend mag, kann an der alljährlichen Lotterie zum Erwerb einer Green Card teilnehmen. Die Green Card, sozusagen der Generalschlüssel zum amerikanischen Arbeitsmarkt, ist heiß begehrt, aber nicht in beliebiger Stückzahl vorhanden. Sie gewährt eine unbefristete Aufenthalts- und Arbeitserlaubnis. Beides ist in den USA ansonsten nur ganz schwer zu bekommen, zum Beispiel durch die Heirat mit einem US-Bürger. Für Auswanderwillige, die bereits in der Planungsphase stecken, hat die Green Card allerdings den ganz entscheidenden Nachteil, den alle Lotterien haben: Man weiß nicht, ob man tatsächlich gewinnt.

Die Green Card ist nicht der einzige Weg, um an eine Arbeitserlaubnis zu kommen. Unter bestimmten Voraussetzungen, zum Beispiel für Berufe, die eine besondere Befähigung verlangen, können Sie auch eine befristete Arbeitserlaubnis erhalten. Diese Bescheinigung müssen Sie unbedingt sch[on] vor Ihrer Einreise in die USA besitz[en]. Sind Sie nur mit einem Touristenvis[um] ausgestattet, haben Sie im Land sel[bst] keine Chance, an eine Arbeitserlaub[nis] zu kommen. Nähere Informationen [zur] Arbeitserlaubnis und den Einreiseb[e]stimmungen bei längeren Aufenth[al]ten erhalten Sie über die Botschaft [der] USA oder das Generalkonsulat (sie[he] Serviceteil Seite 185).

Kanada: Einheimische werden bevorzugt

Einfacher als in den USA ist es, in K[a]nada eine Arbeit zu bekommen. Zw[ar] benötigen Sie auch hier eine Arbei[ts]erlaubnis, die in der Regel erst einm[al] zeitlich begrenzt ist, allerdings erh[al]ten Sie diese Erlaubnis vergleich[s]weise problemlos. Den kanadisch[en] Behörden reicht es, wenn Sie ei[ne] abgeschlossene Berufsausbildung u[nd] einige Jahre Arbeitserfahrung na[ch]weisen können. Dass Sie die Sp[ra]che halbwegs beherrschen sollt[en] versteht sich von selbst. Immerh[in] müssen Sie in den meisten Beruf[en] einer Unterhaltung mit Kunden o[der] Kollegen folgen und nach Möglichk[eit] auch selbst etwas zum Gespräch b[ei]tragen können. Je hochkarätiger [die] Stellung ist, die Sie bekleiden woll[en] desto umfangreicher sollte Ihr Wo[rt]schatz sein. Genau wie in den U[SA] gilt in Kanada die Regel, dass Sie [nur] Arbeiten annehmen dürfen, die [der] Arbeitgeber nicht adäquat mit Ka[na]diern besetzen kann. Es ist seine A[uf]gabe, dies nachzuweisen. Sie müs[sen] lediglich die Bestätigung dafür bei [der] kanadischen Botschaft vorlegen (si[ehe] Serviceteil Seite 184).

Norbert & Conny Faßbinder
Azoren

»Wer über Bürokratie in Deutschland jammert, sollte erst einmal die südländische Bürokratie kennenlernen. Immer höflich und ruhig bleiben, auch wenn es manchmal nicht so einfach ist.«

Unumgängliche Formalitäten: Einreise und Jobsuche

...er sofort alles auf eine Karte setzt ...d seine Zelte hier komplett abbre-...en möchte, kann beim kanadischen ...nsulat in Berlin die Einwanderung ...antragen. Hat man das Prozedere ...folgreich durchlaufen, kann man ... »landed immigrant« ins Land ein-...isen. Die Arbeitserlaubnis ist dann ...tomatisch erteilt. Welcher Weg ...folgversprechender ist, erfährt man ...i der kanadischen Behörde für ...atsbürgerschaft und Immigration.

...ustralien ist wählerisch

...ch in Australien ist es untersagt, ...h mit einem Touristenvisum auf die ...beitssuche zu machen. Das ist nur ...öglich, wenn es sich dabei um ein ...genanntes Working-Holiday-Visum ...ndelt, das bis zu ein Jahr gültig ist. ...lerdings wird es nur Antragstellern ...sgestellt, die jünger sind als 30 Jah-... Für alle anderen gibt es mehrere ...öglichkeiten, die von einer zunächst ...s maximal vier Jahre befristeten ...beitserlaubnis bis zum Einwande-...ngsantrag reichen. Für beides müs-...n zahlreiche Befähigungsnachweise ...bracht werden. Dazu gehört ein ...rachtest ebenso wie die Anerken-...ng der Berufsausbildung bzw. von ...plomen oder anderen Nachweisen ...r Aus- und Weiterbildung. Wie die ...SA lässt auch Australien nur Arbeits-...äfte mit Berufen ins Land, die benö-...t werden. Auskunft dazu erteilt die ...stralische Botschaft in Berlin (siehe ...rviceteil Seite 184).

...laxen in Thailand

...er über genügend finanzielle Rück-...gen verfügt, kann sich auch pro-...emlos in Thailand niederlassen.

Schwieriger ist es, wenn Sie für Ihren Lebensunterhalt arbeiten müssen. Wie in den meisten anderen Ländern außerhalb der EU müssen Einheimische bei der Besetzung von Stellen bevorzugt werden, es sei denn, es gibt gute Gründe, einen Ausländer einzustellen, – zum Beispiel, weil Fremdsprachenkenntnisse erforderlich sind. Auch für Thailand gilt die Reihenfolge: Job suchen, Arbeitsvertrag unterschreiben und erst damit eine Arbeitserlaubnis beantragen. Wer in Thailand leben oder arbeiten möchte, benötigt ein Non Immigrant Visa, von dem es zwei Varianten gibt: Eine berechtigt nur zum Aufenthalt, zum Beispiel bei Ruheständlern, die andere auch zum Arbeiten. Der Gesundheitsdienst des Auswärtigen Amts empfiehlt für Thailand einen Impfschutz gegen Tetanus, Diphtherie, Polio, und Hepatitis A, bei längeren Aufenthalten auch gegen Hepatitis B, Typhus, Tollwut und gegebenfalls Japanische Enzephalitis.

Neuseeland: Frühzeitige Planung

Auswanderwillige sollten sich mit der »New Zealand Qualifications Authority« (NZQA) in Verbindung setzen. Hier werden die akademischen und wirtschaftlichen Qualifikationen bewertet und eingestuft. Neuseeländische Arbeitgeber legen auf diese Einstufung großen Wert. Entsprechend frühzeitig sollte man

---

Internationale Arbeitsbestimmungen

- In der EU herrscht Freizügigkeit: EU-Bürger können frei entscheiden, wo sie leben und arbeiten wollen.
- Es gibt allerdings Ausnahmeregelungen für Berufe im öffentlichen Dienst.
- In Staaten außerhalb der EU benötigen Sie eine Arbeitserlaubnis.
- Die USA verlost jedes Jahr Green Cards, die eine unbefristete Aufenthalts- und Arbeitserlaubnis gewähren.
- In den meisten Ländern außerhalb der EU werden einheimische Arbeitskräfte bevorzugt.

Um die Lebenshaltungskosten in einigen ausgewählten Zielländern mit den Kosten im Heimatland vergleichen zu können, wurde ein repräsentativer Warenkorb mit vergleichbaren Konsumgütern und Dienstleistungen zusammengestellt. Dieser repräsentative Warenkorb kostet in Deutschland, Österreich und der Schweiz jeweils 100 Einheiten der Landeswährung. In der vertikalen Spalte können Sie ablesen, wieviel dieser Warenkorb in einem der Zielländer kosten würde. Dabei handelt es sich um einen Richtwert, da die Kosten für Konsumgüter und Dienstleistungen je nach Lebensstandard und Konsumverhalten sehr unterschiedlich ausfallen können (Quelle: OECD, September 2008).

sich darum kümmern. Einige Berufsgruppen müssen sich außerdem registrieren lassen, da sie sonst nicht eingestellt werden dürfen, zum Beispiel Mediziner und Anwälte. Wer länger als drei Monate in Neuseeland bleiben möchte, benötigt bei der Einreise neben dem Reisepass auch ein Visum, das schon in Deutschland bei der neuseeländischen Auslandsvertretung beantragt werden kann (siehe Serviceteil Seite 184).

Hohe Arbeitslosigkeit in der Dominikanischen Republik

In der Dominikanischen Republik zu arbeiten oder Urlaub zu machen sind zwei Paar Stiefel. Das Land hat eine Arbeitslosenquote von 16 %. Diejenigen, die Arbeit haben, müssen sich oft mit niedrigen Löhnen zufriedengeben. Dennoch leben etwa 10 000 Deutsche und zahlreiche Schweizer und Österreicher in der Dominikanischen Republ Trotz der angespannten Lage a Arbeitsmarkt gibt es einige Bereich in denen man durchaus Arbeit fi den kann. Das gilt vor allem für d Touristikbranche und für gut ausg bildete Hotelfachangestellte. Au Handwerker wie Elektroinstallateu oder Fliesenleger haben gute Cha cen. Sie müssen jedoch fließend Sp nisch sprechen. Außerhalb der To ristenhochburgen trifft man kau auf Einheimische, die eine Frem sprache beherrschen. Als Arbeitse laubnis benötigen Auswanderer d »Cedula de Identificacion Persona Nach 12 bis 18 Monaten kann da die »Residencia permanente« bea tragt werden, die drei Jahre gilt un bei der Einwanderungsbehörde ve längert werden kann. Da sich die Ei reisebedingungen für Deutsche ku fristig ändern können, empfiehlt d Auswärtige Amt, sich rechtzeitig m der Botschaft der Dominikanisch Republik in Verbindung zu setze (siehe Serviceteil Seite 184).

Südafrikas angespannter Arbeitsmarkt

In Südafrika kann man neben eine befristeten auch einen unbefristet Aufenthalt beantragen. In der Reg haben aber nur Hochqualifizier eine Chance, diesen genehmigt bekommen. Gerade in den wenig qualifizierten Berufen ist der Arbei markt im Land stark angespannt. S können allerdings auch versuche über ein sogenanntes Quotensy tem die Arbeitserlaubnis zu erh ten. Welche Berufe im Land ben tigt werden, wird von Jahr zu Ja

Vergleich der Lebenshaltungskosten

	Deutschland	Österreich	Schweiz
Währung	*Euro*	*Euro*	*CHF*
Australien	96	97	76
Deutschland	100	101	79
Frankreich	103	104	82
Großbritannien	94	95	74
Kanada	92	94	73
Neuseeland	86	87	68
Niederlande	100	101	79
Österreich	99	100	78
Polen	71	72	57
Schweden	112	113	89
Schweiz	126	128	100
Spanien	92	93	73
Türkei	77	78	61
USA	80	81	64

Unumgängliche Formalitäten: Einreise und Jobsuche

eu festgelegt. Wer dagegen seinen
uhestand am von der Sonne ver-
öhnten südlichen Zipfel des afrika-
schen Kontinents genießen möchte,
at gute Chancen, sofern er ausrei-
hende finanzielle Mittel nachweisen
ann. Außerdem benötigen Rentner
n höchstens sechs Monate altes me-
zinisches Attest und einen aktuellen
öntgenbericht. Für die Einreise nach
idafrika ist eine Gelbfieberimpfung
orgeschrieben. Eine Malariaprophy-
xe ist mehr als ratsam. Dazu emp-
hlen sich Impfungen gegen Tetanus,
iphtherie, Polio, Typhus und Hepa-
is A, bei Langzeitaufenthalten auch
egen Hepatitis B.

Malediven: Chancen in der Tourismusbranche

eit den 1970er-Jahren hat sich auf
en Malediven einiges getan. Zahl-
iche Wirtschaftsbereiche sind im
ufwind, auch in der High-Tech-In-
ustrie. Trotzdem sind die Hürden
r Ausländer, die im Land arbeiten
ollen, hoch. Jobs werden vor allem
f den Touristeninseln angeboten,
um Beispiel als Tauch- oder Kite-
urf-Lehrer. Die Arbeitsstelle muss
an bereits vor Einreise ins Land
achweisen. Wer nach der Einreise
f Arbeitssuche geht, kann ausge-
iesen werden. In der Regel wird
unächst eine auf sechs Monate
egrenzte Aufenthaltserlaubnis er-
eilt. Empfehlenswert ist ein Impf-
chutz gegen Tetanus, Diphtherie,
olio, Hepatitis A und Hepatitis B.
ie Malediven sind zwar malaria-
ei, dafür gibt es Stechmücken,
e den Erreger des Denguefiebers
ertragen.

Freie Stellen in Dubai

Der Bedarf an Arbeitskräften steigt in Dubai zwar stetig, doch die meisten Stellen sind im Vergleich mit Deutschland schlecht bezahlt. Die Hilfsarbeiter

Sonja & Frank Kühnel
Utah, USA

»Mit alltäglichen Dingen, wie zum Beispiel Einkaufen, Versicherungs- und Geldangelegenheiten und natürlich mit allem, was den Job betrifft, muss man sich neu vertraut machen und neu lernen. Auf jeden Fall wird es nicht langweilig.«

auf den zahlreichen Großbaustellen erhalten im Monat lediglich etwa 200 Euro. Ganz anders sieht es bei Managern oder Spezialisten in technischen Berufen aus. Allerdings herrscht um diese Stellen eine harte internationale Konkurrenz. Nicht nur in Deutschland träumen viele vom lukrativen Job in der Wüste. Englische Sprachkenntnisse reichen für die meisten Arbeiten aus. Wer daneben noch halbwegs passabel Arabisch beherrscht, verbessert seine Chancen auf einen hoch dotierten Arbeitsplatz deutlich. Diejenigen, die längere Zeit im Land bleiben möchten, sollten sich vorab bei der Botschaft der Vereinigten Arabischen Emirate oder bei der Einwanderungsbehörde in Abu Dhabi informieren. Das Auswärtige Amt rät, sich vor einer Reise in die gesamten Vereinigten Arabischen Emirate vorab bei deren Vertretung in Deutschland über die Bestimmungen zur Medikamenteneinfuhr zu informieren und die aktuellen Einreisebestimmungen für einen nicht touristischen Aufenthalt zu erfragen. Der Gesundheitsdienst des Auswärtigen

Amts empfiehlt einen Impfschutz gegen Tetanus, Diphtherie, Polio, Hepatitis A und Hepatitis B. Sinnvoll kann auch ein Impfschutz gegen Tollwut und Typhus sein.

Costa Rica: Eigenkapital als Voraussetzung

Wer nach Costa Rica auswandern möchte, sollte sich seine Kontoauszüge zurechtlegen. Einwanderer mit einer befristeten Aufenthaltserlaubnis müssen für die Dauer dieser Erlaubnis mindestens 1000 US-Dollar Monatseinkommen nachweisen können. Die »Residencia temporal« wird zunächst für fünf Jahre erteilt. Somit muss j der Erwachsene 60 000 US-Dollar a dem Konto haben. Bei Pensionäre genügen 600 US-Dollar im Mon a der Nachweis lässt sich anhand d Rentenbescheids führen. Obwo Costa Rica für lateinamerikanisch Verhältnisse eine stabile Wirtscha hat, gibt es für ungelernte Arbeitskrä te so gut wie keine Chance auf ein Anstellung. In diesem Sektor beste durch Hunderttausende Einwand rer aus Nicaragua, die zum Teil illeg über die Grenze kommen, ein Übe angebot. Die Arbeitslosenquote lieg unter 5 %. Einige Industriezweig boomen sogar, zum Beispiel die He stellung von Mikroprozessoren. Vo Gesundheitsdienst des Auswärtige Amts wird ein Impfschutz gegen Tet nus, Diphtherie, Hepatitis A, Hepati B, Tollwut und Typhus empfohlen. Costa Rica gibt es jährlich zahlreich Fälle von Denguefieber und in ein gen Landesteilen tritt auch Malar auf. Informieren Sie sich vor Ihr Einreise, ob eine Malariaprophylax sinnvoll ist.

Aufenthaltsgenehmigung für Argentinien

Anträge auf eine Aufenthaltsgenehm gung müssen entweder beim zustä digen Konsulat im Heimatland od direkt bei der Einwanderungsbehörd (»Direccion Nacional De Migrac ones«, DNM) gestellt werden. Die g forderten Dokumente müssen dur eine international gültige Beglaubigur (Apostille) überbeglaubigt werde Außerdem müssen die Dokumen von einem beim »Colegio de Tradu tores Públicos de la Ciudad de Buen

Unumgängliche Formalitäten: Einreise und Jobsuche

ires« eingetragenen Übersetzer in panischer Sprache abgefasst werden. blicherweise erhalten Einwanderillige eine befristete Aufenthaltsgehmigung für drei Jahre. Diese kann weimal verlängert werden. Im Anchluss an die befristete Aufenthaltsenehmigung kann eine unbefristete enehmigung beantragt werden. Ver Angehörige in Argentinien hat, ann direkt eine unbefristete Gehmigung beantragen. Alle, die mit ner befristeten oder unbefristeten ufenthaltserlaubnis in Argentinien rbeiten, unterliegen den arbeitschtlichen sowie sozialversicherungsnd steuerrechtlichen Bestimmungen es Landes. Das Auswärtige Amt mpfiehlt einen Standardimpfschutz egen Polio, Tetanus, Diphtherie und epatitis A, eventuell auch Hepatitis , Tollwut und Typhus. In einigen Lanesteilen kann eine Impfung gegen elbfieber sinnvoll sein.

efragte Spezialisten

ie Einkommensmöglichkeiten sind war überall unterschiedlich, eine Tatache gilt jedoch für die ganze Welt: esucht werden vor allem hoch spealisierte Fachkräfte. Ungelernte oder chlecht ausgebildete Hilfskräfte gibt s in jedem Land im Überfluss. In dieer Gruppe finden sich weltweit zuem die meisten Arbeitslosen. Stehen ie als Einwanderer auf diesem Ausildungsniveau, haben Sie eher wenig hancen auf eine Arbeit. Erschwerend ommt hinzu, dass in den meisten ußereuropäischen Ländern einheiische Arbeitskräfte bei der Stellenesetzung bevorzugt werden müssen. ute Chancen haben hingegen diejenigen, die die klassischen deutschen Ausbildungswege im Handwerk erfolgreich durchlaufen haben. Ihnen bieten sich in vielen Ländern der Welt erstklassige Möglichkeiten, beruflich Fuß zu fassen – sogar in Traumländern wie Australien und Kanada.

Besonders begehrt ist derzeit in vielen Ländern medizinisches Personal. Das bezieht sich nicht allein auf Ärzte, sondern auch auf Krankenschwestern und Pflegeberufe. Anders, als in der Presse oft dargestellt, ist die Emigration für einen Mediziner zwar nicht gleichbedeutend mit einer Lizenz zum Gelddrucken, aber die Lebensqualität verbessert sich vielerorts deutlich. Während Mediziner hier oftmals Überstunden machen müssen, bis ihnen am OP-Tisch die Augen zufallen, ist der Arbeitstag in Ländern wie Irland geregelt. Schon allein diese Aussicht lässt das Herz vieler Klinikärzte höher schlagen.

Elektriker bei der Arbeit: Gut ausgebildete Handwerker, die zudem bereits über eine gewisse Berufserfahrung verfügen, haben in den meisten Ländern beste Chancen auf dem Arbeitsmarkt.

Wer plant, lebt besser: Worauf Sie noch achten sollten

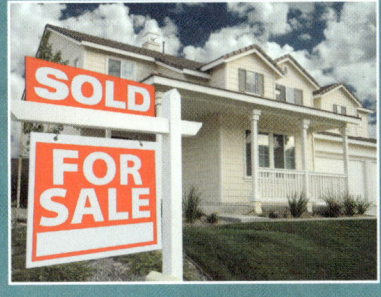

Job- und Wohnungssuche, Behördengänge, Sprachkurse – in der Anfangsphase warten im Zielland viele Aufgaben auf Auswanderer. Eine Menge Entscheidungen, die das neue Leben beeinflussen, müssen getroffen werden.

Vorhergehende Doppelseite: Unterlagen für einen Sprachkurs (großes Bild); ein zum Verkauf stehendes Haus in den USA (kleines Bild oben); Informationsbeschaffung mit Hilfe des Internets (kleines Bild unten)

Es ist sehr unwahrscheinlich, dass jemand, der den Gedanken ans Auswandern konkret in sich trägt, vor einen Globus tritt, die Augen schließt und mit dem Finger ins Blaue tippt, um das Land seiner Sehnsüchte zu bestimmen. Viel wahrscheinlicher ist, dass man sich zu irgendeinem Zeitpunkt seines Lebens in ein ganz bestimmtes Ziel verliebt. Die Gründe dafür sind unterschiedlich. Vielleicht erfolgte diese Initialzündung beim Lesen eines Buchs oder Betrachten eines Films. Möglicherweise wurden Sie durch eine Brieffreundschaft während der Schulzeit auf die Reize eines Landes aufmerksam. Wahrscheinlich haben Sie schon einmal einen wunderschönen Urlaub in Ihrem Traumland verbracht und sich manchmal vorgestellt, wie es wäre, dort zu leben. Aus den verschiedensten Gründen kommt Ihnen dieses Land immer wieder in den Sinn. Ändern sich Ihr Lebensumstände, erwacht der alt Traum vom Leben in einem andere Land stärker als jemals zuvor. Steh der Entschluss zum Auswandern er einmal fest, ist es noch immer ei großer Schritt von der Idee bis zu Verwirklichung. Damit das Abenteu er Auswandern tatsächlich zum e hofften Erfolg wird, sollten Sie d Planungsphase sorgfältig nutzen.

»Ohne Moos nix los«

Egal, wie lange in ihrem Wunschlan jeden Tag die Sonne scheint oder wi toll die einheimische Küche ist: Si brauchen Geld, um die Annehmlich keiten Ihrer neuen Heimat genieße zu können. Die Weisheit »Ohne Moo nix los!« gilt überall auf der Welt. We also nicht in die Fremde zieht, um sein Rente zu genießen oder sein Vermö gen auszugeben, wird einer bezahlte Tätigkeit nachgehen müssen. Damit e

Wer plant, lebt besser: Worauf Sie noch achten sollten

cht nur beim Traum bleibt, sondern as große Vorhaben Auswandern auch tsächlich in die Tat umgesetzt werden ann, muss man sich zunächst einen roben Überblick über den Arbeitsarkt des Ziellandes verschaffen. Empfehlenswert ist es natürlich immer auch, as potenzielle Einkommen und die ebenshaltungskosten zu vergleichen. o können zum Beispiel Top-Kräfte in ubai Einkommen in stattlicher Höhe rzielen, allerdings sind auch die Lebenshaltungkosten entsprechend hoch. llein ein Einzimmer-Appartement kost in Dubai mehr als 1000 US-Dollar n Monat.

Ven es aus finanziellen Gründen ins usland zieht, sollte sich gut informieren, ob das Verhältnis zwischen inkommen und Ausgaben tatsächch günstiger ist als in Deutschland.

Ein höheres Einkommen bedeutet nicht zwangsläufig, mehr Geld in der Tasche oder auf dem Konto zu haben (vergleiche Tabelle zu den Lebenshaltungskosten in ausgewählten Ländern auf Seite 118). Selbst innerhalb der Länder gibt es die gleichen regionalen Einkommensschwankungen wie bei uns. Je größer das Land, desto gravierender ist meist das Gefälle. So reichen in Spanien die durchschnittlichen Bruttoeinkommen von 1822 Euro in Extremadura bis 2628 Euro in Madrid. Besonders wenig wird in der Gastronomie bezahlt, während Bankkaufleute mit einem überdurchschnittlichen Gehalt rechnen dürfen. Seit 2007 gilt in Spanien bei der Einkommensteuer ein vierstufiges Modell, das Sätze zwischen 24 % und 43 % vorsieht. Der Höchstsatz greift bei einem Jahresgehalt ab 52 360 Euro.

Unterzeichnung eines Schecks: Ein angemessenes Startkapital erleichtert die Anfangszeit in der neuen Heimat. Damit können finanzielle Engpässe, etwa wegen Komplikationen bei der Jobsuche, leichter überwunden werden.

Auch in Frankreich muss man sich das »Laissez faire« erst einmal leisten können. Nicht alle Arbeitnehmer sind dazu in der Lage. Viele kleinere Betriebe zahlen nur noch den gesetzlich vorgeschriebenen Mindestlohn, der bei knapp 1200 Euro brutto liegt. Damit lassen sich keine großen Sprünge machen, schon gar nicht im Großraum Paris. Zumindest bei den Besserverdienenden liegen die Gehälter in Paris etwa 20 % über dem Landesdurchschnitt. Wer Wert auf eine schöne Wohnung legt, benötigt dieses Plus aber auch für die hohen Mieten.

Neben der Steuer, deren Höhe sich nach dem Familienstand und der Zahl der Unterhaltsberechtigten richtet und die einmal im Jahr abgeführt werden muss, sind monatlich knapp 21 % des Einkommens an Sozialbeiträgen zu entrichten. Das Geld wird vom Arbeitgeber einbehalten und abgeführt.

Die hohen Gehälter in der Schwei[z], die im Schnitt rund 30 % über de[m] deutschen Gehaltsniveau liege[n], locken viele Deutsche ins Nachba[r]land. Unterschätzt werden dabei o[ft] die enormen Lebenshaltungskoste[n,] 3000 Franken im Monat gelten a[ls] Existenzminimum. In den Ballung[s]zentren beträgt die Monatsmiet[e] für kleine Wohnungen 1000 Eur[o.] Berücksichtigen müssen Sie auc[h] die je nach Kanton variierend[e] Quellensteuer (Zürich: 9,6 %) un[d] die Abzüge der Sozialversicherun[g] (rund 7 %). Außerdem müssen S[ie] monatlich rund 300 Euro für di[e] Krankenversicherung einplane[n.] Wer als deutscher Einwanderer i[n] der Schweiz seinen gewohnten Le[-]bensstandard aufrechterhalten un[d] dennoch mehr Geld auf dem Kont[o] haben möchte, sollte schon zu de[n] Topverdienern gehören.

Karriere durch Sprachkenntniss[e]

Im Ausland gilt der Durchschnitts[-]deutsche nicht gerade als sprachge[-]wandt. Während viele Niederlände[r] oder Skandinavier nicht nur eine, son[-]dern mehrere Fremdsprachen gut b[is] sehr gut beherrschen, weigern sic[h] viele Deutsche im Urlaub, auch nu[r] die Begrüßungsformel in der Spra[-]che des Gastlandes zu formuliere[n.] Genauso wie auf Mallorca, setzt de[r] deutsche Tourist darauf, dass ma[n] überall auf der Welt in den Urlaubs[-]orten Deutsch spricht und das nac[h] Möglichkeit fließend.

Was auf den ersten Blick nach deut[-]scher Überheblichkeit aussieht, ist a[uf] den zweiten Blick eher Unsicherhei[t]

Wer plant, lebt besser: Worauf Sie noch achten sollten

Die meisten Deutschen haben eine Scheu davor, einfach auf Englisch, Französisch oder in einer anderen Sprache los zu plappern, wenn sich der aktive Wortschatz nur auf ein paar Standard-Floskeln beschränkt. Eine Fremdsprache lässt sich aber nur durch regelmäßiges Üben erlernen. Nur das regelmäßige aktive Sprechen führt zum Ziel. Aus den ersten Wörtern, die man am Anfang lernt, werden kurze Sätze, die immer länger werden. Übt man fleißig weiter, ist man irgendwann fähig, sich auch an der Unterhaltung von Einheimischen zu beteiligen.

Gerade in den letzten Jahren steht auch in deutschen Stellenanzeigen immer öfter, dass vom Bewerber fließende Englischkenntnisse sowohl mündlich als auch schriftlich erwartet werden. Auf diese Anzeigen dürften sich eigentlich nur ganz wenige ernsthaft bewerben. Selbst viele hoch dekorierte deutsche Akademiker fallen nämlich durch ein grauenhaftes Englisch auf. Und dabei ist Englisch wohl noch die einfachste Sprache, die zur Auswahl steht. Romanische Sprachen sind im Vergleich dazu meist noch schwerer zu erlernen.

Eine Sprache lernen kann jeder

Sie hatten in der Schule jahrelang Englisch, Französisch oder Latein und gebracht hat es so gut wie nichts? Kein Wunder. Zum einen hat den Meisten wahrscheinlich die Motivation gefehlt, zum anderen ist der Unterricht so aufgebaut, dass Schüler die Erfolge nicht schnell genug sehen, um mit Elan die nächste Schwierigkeitsstufe zu nehmen. Intensiv gelernt wird bestenfalls vor einer Klausur, und dann wird das Gelernte möglichst schnell wieder vergessen. Ganz anders sieht es aus, wenn Sie nicht nur gelernt haben, um eine Prüfung zu bestehen

Goodbye Deutschland die Auswanderer
Daniela Nikolow & Jens Wachsmann
Lappland, Schweden

VOX

»Im Ausland ist nie etwas leichter als in dem Land, in dem man aufgewachsen ist – man erlernt eine neue Sprache, man muss sich an andere Sitten und Gebräuche gewöhnen und sich auch in ein völlig neues soziales Umfeld einfügen.«

oder dem Unmut des Lehrers zu entgehen, sondern aus freien Stücken. Ein Ansporn ist zum Beispiel die Teilnahme an einem Schüleraustauschprojekt. Auf einmal lernt man nicht mehr unter dem allgemeinen Schulzwang, sondern für sich selbst.

Kann es eine größere Herausforderung zum Sprachenlernen geben, als die Aussicht, in einem fremden Land nur mit Hilfe dieser Sprache vorwärts zu kommen? Sie müssen in dem Land arbeiten und sich unter die Leute mischen. Natürlich können Sie auch darauf hoffen, in einer der deutschen Gemeinschaften zu landen, die es in den meisten Zielländern gibt. Da reicht dann auch die deutsche Sprache aus. Aber das kann ja nicht das Ziel des Auswanderns sein.

Doch wie lernt man möglichst schnell eine Sprache? Noch einmal die Schulbank drücken? Im Auto Audio-CDs einlegen? Reicht ein Buch oder muss es ein teurer Sprachkurs sein? Natürlich benötigen Sie eine theoretische Grundlage und ohne das Lernen von Vokabeln geht es nicht. Aber das ist nur die eine Seite. Viel wichtiger ist, dass Sie soviel wie möglich reden. Es reicht nicht aus, die Sprache nur einmal in der Woche eine dreiviertel Stunde lang in einem Abendkurs zu sprechen. Sie sollten Sie vielmehr täglich üben. Egal, wo es Sie in der Welt auch hinzieht und welche Sprache dort gesprochen wird – am besten lernen Sie stets von Muttersprachlern. Für jede Sprache finden sich in ganz Deutschland jede Menge Muttersprachler, zu denen Sie Kontakt aufnehmen können. Sie werden feststellen, dass die meisten hoch erfreut sind, wenn sich jemand für ihre Sprache interessiert, und sie werden Ihnen gern weiterhelfen. Muttersprachler fin den Sie beispielsweise in spanische Bodegas, italienischen Restauran oder türkischen Supermärkten. Si können bei Muttersprachlern auc bezahlten Privatunterricht nehme Eine kostenlose Lernmöglichkeit i die Inanspruchnahme eines Tan dempartners, das heißt, jeder lern von dem anderen.

Muttersprachler haben einen gan entscheidenden Vorteil: Sie spreche die Sprache so, wie Sie sie nach Ihrer Umzug vor Ort zu hören bekomme Wenn Sie an den Klang nicht gewohn sind, werden Sie erstmal so gut wi nichts verstehen. Vergessen Sie nich dass Sie in Ihrem Zielland nicht m einem Sprachlehrer, sondern m Amerikanern, Schweden oder Argen tiniern kommunizieren müssen.

Erinnern Sie sich noch an Ihren erste Aufenthalt in England oder in de USA? Niemand hat dort die Wörte so ausgesprochen wie Ihr alter Eng lischlehrer. Darum empfehlen sich i der ersten Lernphase auch CDs ode MP3-Audiodateien, auf denen Mut tersprachler die Texte und Übunge vorlesen. Es geht dabei weniger da rum, die neue Sprache im klassische Sinn zu lernen, als vielmehr um di Verinnerlichung des Klangbildes.

Hilfen beim Wortschatztraining
Es sollte keine großen Schwierig keiten bereiten, innerhalb von dre bis sechs Monaten eine Sprache s

Jenny Lemke
Paraguay

»Auswanderer sollten sich gut auf das Zielland vorbereiten und vor allem einen Sprachkurs besuchen, wenn sie die Sprache noch nicht beherrschen.«

Wer plant, lebt besser: Worauf Sie noch achten sollten

erlernen, dass Sie sich halbwegs ssabel darin mitteilen können. Dies zt jedoch tägliches Üben voraus.

bald die ersten Grundkenntnisse rhanden sind, lernen Sie nicht hr Vokabeln, sondern ganze Sät-

den Text mehrfach am Tag. Sobald Sie ihn perfekt beherrschen, nehmen Sie den nächsten Abschnitt, der schon etwas länger sein sollte, und verfahren genauso. Wenn Sie die Gelegenheit haben, mit einem Muttersprachler zu sprechen, kön-

– so, wie sie auch im Alltag vormmen. Nehmen Sie sich einen rzen Text aus einer Tageszeitung r zu erlernenden Sprache und ersetzen Sie ihn mit Hilfe eines örterbuchs. Sobald Sie genau wis- , was in dem Text steht, lernen ihn auswendig. Wiederholen Sie

nen Sie das Gelernte sofort an den Mann oder die Frau bringen und dabei die Aussprache perfektionieren. Übersetzen sollten Sie den Text aber selbst, denn die Wörter müssen Sie sich selbst erarbeiten – umso eher werden Sie sie behalten. Der Vorteil beim Auswendiglernen ganzer Sät-

Nutzen Sie jede Gelegenheit, um die Sprache in Ihrer neuen Heimat schnell zu lernen. Gute Sprachkenntnisse sind unverzichtbar, um im Zielland sowohl beruflich als auch sozial Fuß zu fassen.

ze und Texte besteht darin, dass Sie später nicht nach Formulierungen suchen müssen, sondern diese quasi auf Knopfdruck abrufen können. Je besser Sie die neue Sprache beherrschen, desto schneller werden sich die weiteren Erfolge einstellen. Nutzen Sie jede Gelegenheit, Ihre Kenntnisse zu verbessern. Suchen Sie Fernsehsender aus Ihrer Wahlheimat und sehen Sie sich Filme in der Landessprache an. Setzen Sie sich dabei aber nicht unter Druck. Sie müssen ja nicht gleich mit einem anspruchsvollen Kultursender beginnen. Am Anfang darf es ruhig auch die Kinderstunde sein.

Optimaler Spracherwerb

Mit dem Lernen der neuen Sprac können potenzielle Auswanderer g nicht früh genug anfangen. Na Möglichkeit sollte dies schon dann folgen, wenn der Wunsch nach ein Umzug zum ersten Mal erwacht. länger Sie damit warten, desto me setzen Sie sich hinterher unter Dru wenn Ihr Traum tatsächlich Gest annimmt.

Gute und dennoch preiswerte Spra kurse werden in den Volkshochschu angeboten. Sie haben allerdings zv entscheidende Nachteile: Sie starter der Regel zwei- oder dreimal im Ja

»Bevor man auswandert, sollte man im Vorfeld bereits versuchen, erste Kontakte zu knüpfen und Informationen von Menschen zu bekommen, die schon dort leben, wo man hin möchte. Das braucht alles seine Zeit und man sollte nichts überstürzen.«

Wer mit der ganzen Familie auswandert, sollte regelmäßig und spielerisch im ganzen Familienkreis üben. Die Kinder und der Partner müssen die neue Sprache schließlich auch beherrschen.

und wer hier den Einstieg verpa muss bis zum nächsten Kursanfa warten. Zudem ist der Abstand z schen den einzelnen Stunden zu la In der Zwischenzeit sind Sie auf s allein gestellt. Als Hilfe beim Einst

Wer plant, lebt besser: Worauf Sie noch achten sollten

eine Sprache sind die VHS-Kurse
r gut, aber wer eine Fremdsprache
klich auf hohem Niveau lernen will,
ss weit mehr dafür tun.

ensiver können Sie bei privaten
bietern in Kleingruppen oder so-
 allein täglich üben. Natürlich hat
iel Engagement auch seinen Preis.
 gut betreuter Intensivunterricht
n schnell mehrere Tausend Euro
sten. Dagegen fallen die rund 100
o für einen Volkshochschulen-Kurs
m ins Gewicht.

r am liebsten von einem ausgebil-
ten Pädagogen angeleitet werden
chte, muss sich nicht unbedingt zu
em Kurs anmelden. Ein Blick in den
zeigenteil der Zeitungen reicht aus,
 auf Nachhilfelehrer in vielen Spra-
en zu stoßen. Auch ein Aushang am
warzen Brett der nächsten Uni-
sität kann sich lohnen. Die Kosten
gen in der Regel je nach Niveau
ischen 10 und 25 Euro pro Stunde
zelunterricht. Natürlich ist nicht
er, der sich zum Nachhilfelehrer
rufen fühlt, auch tatsächlich dazu
ig. Empfehlenswert sind Mutter-
achler mit einem pädagogischen
tergrund, zum Beispiel Studenten
 höheren Semestern oder Lehrer.
ran sollte zumindest in Sprachen
e Englisch, Französisch und Spa-
ch kein Mangel herrschen. Im
stlichen Nordrhein-Westfalen gibt
 auch zahlreiche Nachhilfelehrer
t niederländischen Wurzeln und
tsprechenden Sprachkenntnissen.

besondere Studenten bieten sich
mals viele Möglichkeiten des kos-
tenlosen Spracherwerbs. An der Universität Hamburg haben Medizinstudenten zum Beipiel die Auswahl zwischen fünf Sprachkursen, in denen gesteigerter Wert auf die Fachtermini gelegt wird. Angehende Mediziner, die mit einem Auslandsaufenthalt

Familie Balke
Schweden

»Verlassen Sie sich nicht auf mündliche Zusagen oder auf Fotos beim Hauskauf oder bei der Arbeitssuche. Investieren Sie das Geld und sprechen Sie vor Ort vor bzw. schauen Sie sich Objekte vor Ort an.«

liebäugeln, sollten sich solche Angebote nicht entgehen lassen, zumal dabei auch Arzt-Patienten-Gespräche geübt werden. Praxisnäher kann ein Sprachunterricht kaum sein.

Auswahl der Schule

Die schulische Ausbildung unterscheidet sich in den meisten Ländern deutlich vom deutschen Schulsystem. Daher stellt sich Eltern die Frage, auf welche Schule sie ihre Kinder in der neuen Heimat schicken sollen. Abhängig vom Alter der Kinder sollten diese bei der Auswahl mit einbezogen werden. Teilen die Kinder nämlich nicht Ihren Traum vom neuen Land und wollen irgendwann zurück nach Deutschland, kann die Wahl der Schule eine entscheidende Rolle für den weiteren Bildungsweg spielen. Wer seinen mitziehenden Kindern die Möglichkeit offen halten möchte, später einen in Deutschland und Europa anerkannten Schulabschluss zu machen, findet in vielen Ländern sogenannte deutsche Schulen. Weltweit werden insgesamt 600 Schu-

USA, Frankreich, Argentinien, d Niederlanden, der Schweiz, Süda ka, Großbritannien, Kanada, Co Rica, Schweden, Australien und Pol An diesen Schulen werden nicht r deutsche Kinder unterrichtet, s dern auch einheimische. Sie erhal Deutsch als erste Fremdsprache. E vollständige Liste der deutschen A landsschulen gibt es bei der Zent

Wandern Sie mit Kindern aus, sollten Sie sich schon im Vorfeld genau mit dem Schulsystem des Ziellandes vertraut machen.

len durch die Zentralstelle für das Auslandsschulwesen personell und finanziell gefördert. Deutsche Schulen gibt es unter anderem in den Vereinigten Arabischen Emiraten, in der Türkei, in Thailand, Spanien, den

stelle für das Auslandsschulwesen Bundesverwaltungsamts.

Wer seine Kinder nicht auf einhei sche Schulen schicken möchte, sich in einigen Ländern nicht nur v

Wer plant, lebt besser: Worauf Sie noch achten sollten

...dungsangebot deutlich von uns un...scheiden, sondern auch vom Um...ng der Lehrer mit den Schülern, hat ...ernativ noch Internationale Schulen ... Auswahl. Allerdings gibt es auch ...ese nicht überall flächendeckend. ...ßerdem sind sie meist kostspielig. ...hon die Aufnahmegebühr liegt ... der Regel bei mehreren Tausend ...ro. Dazu kommen 300 bis 400 ...ro pro Monat und Kind. Das kann ...h nicht jede Auswandererfamilie ...sten, schon gar nicht, wenn meh...re Kinder sich im schulpflichtigen ...ter befinden. Zudem wird der in ... Regel nach der zwölften Klasse ...worbene Abschluss, das Interna...nal Baccalaureat, in Deutschland ...ht zwangsläufig als Hochschulzu...ngsberechtigung anerkannt. Dazu ...darf es einer entsprechenden Fä...erauswahl. Aus diesem Grund ist es ...sam, sämtliche Konsequenzen, die ...e Schulwahl mit sich zieht, im Blick ... behalten.

...lungene Integration

...den meisten Zielländern sind die ...utschen Tugenden wie Fleiß, Dis...plin und Ordnungssinn am Arbeits...atz gern gesehen. Wer es privat ...ht ganz so pedantisch angehen ...st und keine Ambitionen hat, in der ...uen Heimat den Oberlehrer zu ge...n, kann schnell im neuen Land Fuß ...ssen. Deutsche Auswanderer sind ...d waren auch in der Vergangen...it immer sehr integrationsbereit. ... haben beispielsweise die Deutsch...merikaner am öffentlichen Leben ...s Landes immer als Amerikaner ...d nicht als ehemalige Deutsche ...lgenommen. Nur ein paar folklo-

ristische Elemente blieben bestehen. Auch beruflich sind die Aufstiegsmöglichkeiten oft besser als hierzulande. In Staaten wie den USA, Kanada oder Australien spielt es kaum eine Rolle, welchen Notendurchschnitt man vor 25 Jahren beim Abitur hatte. Viel wichtiger ist, was Sie aktuell für das Unternehmen leisten können. Wer viel leistet, kann in vielen Ländern auch Stufen der Karriereleiter erklimmen, für die er in Deutschland einen anderen Ausbildungsweg hätte wählen müssen. Kommt der Arbeitgeber jedoch zu dem Schluss, dass Sie eher wenig leisten, sind Sie aber auch ebenso schnell wieder draußen. Nirgendwo auf der Welt liegt das Geld

> **Tipps für Auswanderer**
>
> - An erster Stelle steht der Finanzcheck. Einnahmen und Ausgaben müssen gegenüber gestellt werden. Auch im Ausland benötigen Sie Geld.
> - Je besser Sie die Landessprache Ihrer neuen Heimat beherrschen, umso leichter wird der Übergang.
> - Am schnellsten lernen Sie eine Sprache durch intensiven Einzelunterricht.
> - Nutzen Sie jede Möglichkeit, um Ihre Sprachkenntnisse mit Muttersprachlern zu verfeinern.
> - Außerhalb der EU-Staaten benötigen Sie eine Krankenversicherung.

Jörg Gerstmann & Andrea Schor
Carriacou, Karibik
»Wir waren voller Tatendrang, wurden aber durch die langsam arbeitenden Behörden ziemlich ausgebremst. Das war für uns mit unserer deutschen Mentalität am Anfang schwierig.«

auf der Straße. Selbst in Ländern, in denen man sich vom ersten Tag an beim Vornamen nennt, bedeutet dies nicht, dass sich alle gleich gut gewogen sind. Um die Top-Positionen tobt vielmehr der gleiche Verdrängungskampf wie hier. Er wird nur oftmals mit anderen Mitteln ausgetragen. Auf keinen Fall dürfen Sie eine Art Sonderbonus erwarten, weil Sie aus Deutschland kommen. Nach einer Phase der Eingewöhnung wird man auch in anderen Ländern der Welt darauf achten, was Sie zu leisten im Stande sind.

Im Krankheitsfall reicht es allerding nicht aus, einfach mit der alten V sichertenkarte zum Arzt der Wahl gehen. Innerhalb des EWR brauc man die Europäische Krankenversich rungskarte (EHIC), in der Schweiz k nötigen Sie Anspruchsnachweise. A ßerhalb des EWR oder bei Annahr einer neuen Staatsbürgerschaft ist c Ganze noch komplizierter und mu auf jeden Fall frühzeitig mit den bish rigen Versicherungsträgern abgekl werden. Ähnliches gilt, wenn es r dem Auswandern doch nicht so ga

Plötzlich ohne Krankenversicherung?

Das kann Ihnen im Ausland passieren, sobald Sie sich in Deutschland komplett abmelden. Falls Sie noch im arbeitsfähigen Alter sind und sich in Deutschland abgemeldet haben, müssen Sie sich selbst um Ihre Krankenversicherung kümmern.

klappt und irgendwann die Rücke nach Deutschland in Erwägung gez gen wird. Auch in diesem Fall sollt Sie sich rechtzeitig mit den Versich rungsträgern in Verbindung setzen.

Für den Fall der Rückkehr

Sie haben Ihr Bestes versucht, im J alles gegeben und an allen Strippe

Wer plant, lebt besser: Worauf Sie noch achten sollten

eichzeitig gezogen, trotzdem haben sich die Vorstellungen, die Sie it der neuen Heimat verbunden aben, nicht erfüllt. Dann gibt es gentlich nur zwei Möglichkeiten: ähne zusammenbeißen und durchalten oder die Koffer packen und e Heimreise antreten. Das eine ist o ernüchternd wie das andere, denn eide Optionen sind weit entfernt on dem, was eigentlich geplant war. ehmen Sie es dennoch nicht so agisch. Die ungeplante Rückkehr ist les andere als die Ausnahme und atürlich erheblich einfacher als das uswandern.

ie Gründe für eine Rückkehr sind öllig unterschiedlich. Bei den Meisen stehen persönliche Gründe, or allem im familiären Umfeld, im ordergrund. Es folgen berufliche nzufriedenheit oder zu geringes inkommen. Auch die schlechtere oziale Absicherung im Ausland oder hohe Schulden können dazu führen, die Rückreise nach Deutschland anzutreten.

In der ehemaligen Heimat kennt man zwar alle Gegebenheiten und muss sich auch nicht auf eine neue Sprache vorbereiten, dennoch ist es wenig sinnvoll, sich einfach ins Flugzeug zu setzen und darauf zu hoffen, dass in Deutschland automatisch wieder alles besser wird. Das wäre wohl ziemlich blauäugig und ebnet den Weg für den nächsten Misserfolg. Stattdessen sollte die Rückkehr genauso penibel vorbereitet werden, wie das Auswandern. Wohnungs- und Jobsuche können via Internet oder durch Bekannte und Freunde ebenso im Vorfeld geregelt werden, wie die Absicherung durch die nötigsten Versicherungen. Auch bei der Rückkehr steht das Raphaelswerk (siehe Serviceteil Seite 176) mit Rat und Tat zur Seite.

Formular für eine US-amerikanische Krankenversicherung: Sobald Sie in Deutschland abgemeldet sind, müssen Sie sich in Ihrer neuen Heimat um einen Versicherungsschutz kümmern.

Grundkurs Alltag im Gastland: So gelingt der Start

Es wird ernst: So unterschiedlich wie die Träume der Auswanderer, so verschieden sind auch die Bedingungen, die vor Ort den Alltag jenseits touristischer Romantik bestimmen. Der Alltag wird zur Nagelprobe. Nur wer ihn bewältigt und ihm Positives abgewinnt, kann ein erfolgreicher Auswanderer werden.

Vorhergehende Doppelseite: Markthallen des Mercat de la Boqueria in Barcelona (großes Bild); Motorrikschas in Indien (kleines Bild oben); Pärchen am Strand (kleines Bild unten).

Die Sehnsucht, die einen Menschen hinaus in die Welt zieht, nannte man früher Fernweh. Die Seefahrt stand stellvertretend für diesen Drang in die Ferne, dem vor Beginn des Massentourismus nur die wenigsten nachkommen konnten. Freddy Quinn hat dieses Gefühl immer wieder besungen. Er beschränkte sich dabei nicht auf die Situation der Wegziehenden, sondern beschrieb auch die Sicht derjenigen, die zurückbleiben.

Auswandern bedingt zwangsläufig, dass man vieles in der alten Heimat zurücklassen muss. Die meisten Auswanderer sind Erwachsene, die sich in Deutschland schon einiges aufgebaut haben. Von all diesen Dingen müssen sie sich nun verabschiede[n]. Besonders schwierig ist der Ab[-]schied von Familienangehörige[n] und Freunden. Aber auch alltäglich[e] Gewohnheiten können einem a[ns] Herz wachsen. Dazu zählt sogar d[ie] Lieblingsfernsehsendung, die ma[n] regelmäßig verfolgt. Wie sehr ma[n] sich an alltägliche Kleinigkeiten g[e]wöhnt hat, merkt man oftmals er[st] dann, wenn man sich davon verab[-]schieden muss.

Besonders schwer fällt Kindern d[er] Abschied von der gewohnten Um[-]gebung. Sie haben auf die Entsche[i-]dung, alle Zelte abzubrechen, kau[m] einen Einfluss. Nach einer kurze[n] Eingewöhnungsphase finden s[ie]

Kinderkrippe in Paris: In Betreuungseinrichtungen oder in der Schule finden Kinder in der neuen Heimat meist schnell Anschluss an Gleichaltrige.

Grundkurs Alltag im Gastland: So gelingt der Start

sich allerdings in der neuen Heimat meist viel schneller wieder zurecht als ihre Eltern. Während sich die Erwachsenen oft schwertun, sozialen Anschluss zu finden, sind die Kinder schon nach kurzer Zeit jeden Tag nach der Schule mit ihren neuen Freunden unterwegs.

Wer zum Beispiel mit acht Jahren aus einem fremden Land nach Deutschland kommt, wird oft mitten im Schuljahr in eine neue Klasse gesteckt, in der er niemanden kennt und konfrontiert ist mit einer Sprache, von der er kein einziges Wort versteht. Das sind keine besonders günstigen Voraussetzungen, um sich im neuen Land heimisch zu fühlen. Doch nur wenige Monate später sind die meisten Einwandererkinder in den Klassenverband integriert und folgen problemlos dem Unterricht, obwohl sie zu Hause meist nur die Muttersprache ihrer Eltern sprechen und keine spezielle Nachhilfe erhalten haben.

Die besten Sprachkurse für Kinder finden auf dem Spielplatz und auf dem Schulhof statt. Dort lernen sie spielerisch in kürzester Zeit die Sprache ihres neuen Heimatlandes. Kein didaktisch noch so ausgefeilter Kurs kann mit diesem Lerntempo mithalten. Die Kleinen plappern einfach drauflos und sprechen wildfremde Kinder an, wenn sie ihnen sympathisch sind. Kurze Zeit später haben sie bereits eine Menge neuer Freunde gefunden. Erwachsene neigen dagegen eher dazu, sich zu Hause einzuigeln und gerade das Gegenteil von

Auf und davon — mein Auslandstagebuch

Aline Hock
Costa Rica

»Eine Auszeit im Ausland ist auch eine Mutprobe, ob man es schafft, so weit weg von familiärer Unterstützung in einer teilweise völlig fremden Umwelt zurecht zu kommen.«

dem zu tun, was eigentlich notwendig wäre, um im Ausland schnell heimisch zu werden. Man könnte auch sagen, sie stehen sich oft selbst im Weg.

Ehrlich mit sich selbst sein

Wer ins Ausland gehen will, weil er vor seinen Problemen in Deutschland flüchten möchte, wird es von Beginn an schwer haben. Das Leben ist nir-

---

Wichtige Fragen für Auswanderer

- Bin ich wirklich bereit, mein bequemes Leben aufzugeben?
- Bin ich der Typ, der sich nicht von unvorhergesehenen Hindernissen einschüchtern lässt?
- Bin ich ein Kontaktmensch?
- Bin ich überdurchschnittlich belastbar?
- Wie wichtig ist mir soziale Sicherheit?
- Kann ich finanzielle Engpässe durch Erspartes überbrücken?
- Spielt die Familie mit?

gendwo leicht, aber im Ausland ist es – zumindest am Anfang – garantiert noch schwerer als hier.

Auswanderer müssen bereit sein, die Initiative zu ergreifen und Verantwortung für ihr Leben zu übernehmen. Darum sollten Sie sich als potenzieller Auswanderer ehrlich essenzielle Fragen beantworten (siehe Kasten Seite 139). Dies gilt ganz besonders, wenn man nicht nur den Ruhestand auf Mallorca genießen möchte, sondern darauf angewiesen ist, in der Fremde seine Brötchen zu verdienen. Die Wahrscheinlichkeit, dass jemand in ein fremdes Land zieht und dort in allen Lebensbereichen sofort übergangslos Fuß fasst, tendiert gegen Null. Viel wahrscheinlicher ist, dass man in der ersten Phase mehr als einmal die Zähne zusammenbeißen muss, dass Ebbe auf dem Konto herrscht, dass die Un-

terkunft nicht annähernd deutsche Erwartungen entspricht oder dass di neuen Kollegen einen nicht auf An hieb mit offenen Armen empfanger Geht man allein ins Ausland, lässt sic das vielleicht noch mit einer »Auger zu-und-durch«-Mentalität verkrafter aber innerhalb einer Familie führen d ese Probleme schnell zu großen Spar nungen. Jedes Familienmitglied hat i dieser Phase seine eigenen Probleme Schon innerhalb Deutschlands ist ei Schulwechsel immer eine Belastun für ein Kind. Oft ist ein deutliche Leistungsabfall die Folge. Der Wechse in eine ausländische Schule stellt ein noch weit größere Herausforderun dar. Probleme, die in allen Lebens bereichen auftreten können – vo der plötzlichen Arbeitslosigkeit bis z einer ernsthaften Erkrankung eine Familienmitglieds –, verwandeln de Traum vom Auswandern schnell in e

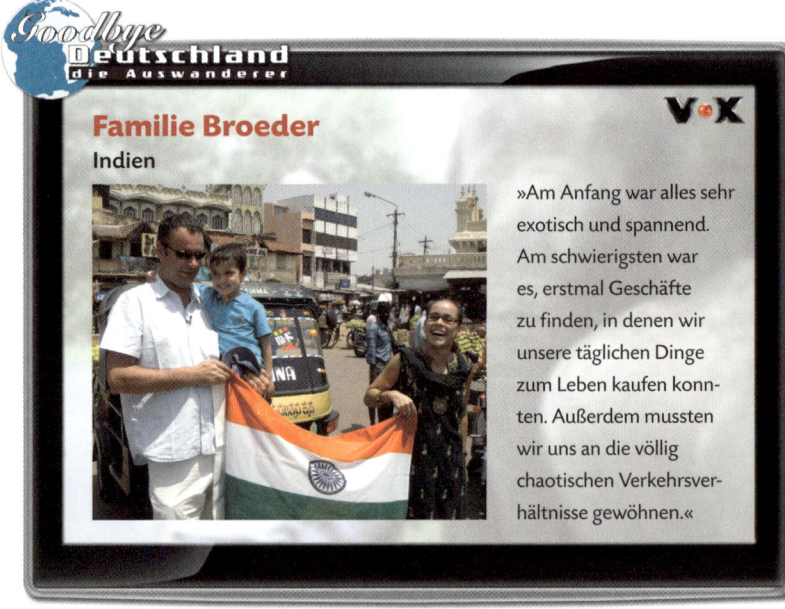

Grundkurs Alltag im Gastland: So gelingt der Start

en Alptraum. Vor solchen Schicksalsschlägen ist man auch als Auswanderer nicht gefeit, nur weil im Zielland öfter die Sonne scheint oder die Menschen offener und freundlicher sind.

Die ersten Unwägbarkeiten in der neuen Heimat lassen sich überwinden, wenn man darauf vorbereitet ist, dass gerade in der ersten Zeit Hindernisse auftauchen werden. Mit der nötigen Gelassenheit und einem ausgeprägten Durchhaltewillen lassen sich fast alle Probleme meistern. Halten Sie sich immer Ihr Ziel vor Augen: der Aufbau einer Existenz in Ihrem Traumland. Lassen Sie sich auch nicht zu sehr von negativen Meinungen in Ihrem Umfeld beeinflussen. Viele werden Ihnen von Ihrem Vorhaben ohnehin abraten. Der Durchschnittsmensch neigt dazu, das zu bewahren, was er gerade hat. Selbst, wenn das ein Leben in Langeweile und ohne jeden Anreiz bedeutet. Wer seinen Traum vom Auswandern verwirklichen will, muss sich über alle Widrigkeiten hinwegsetzen. Nicht jeder Auswanderer scheint das zu können. Immerhin stehen den über 160 000 deutschen Auswanderern im Jahr 2007 rund 111 000 Menschen gegenüber, die im gleichen Zeitraum wieder in ihre alte Heimat zurückgekehrt sind.

Abschied oder Aufbruch

Niemand wird gezwungen, sich als Zimmermann in Spanien seinen Le-

Gerade in der Anfangszeit können Auswanderer mit unvorhergesehenen Schwierigkeiten konfrontiert sein, die vor allem innerhalb von Familien zu Konflikten führen.

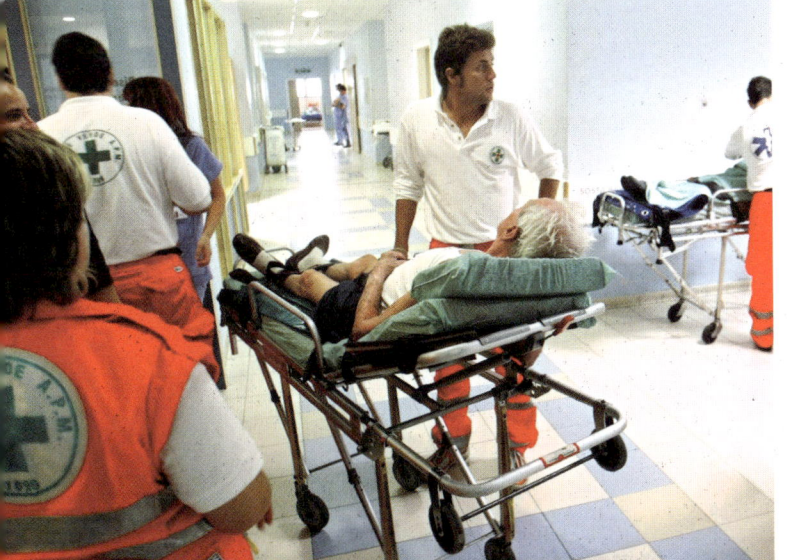

Notaufnahme in einem Mailänder Krankenhaus: Eine ernsthafte Erkrankung ist eine große Herausforderung, wenn man sich noch nicht gut eingelebt hat.

Grundkurs Alltag im Gastland: So gelingt der Start

...ensunterhalt zu verdienen oder als ...rzt in einem Krankenhaus in Sydney ...u arbeiten. Die Tatsache, dass Aus...andern eine freiwillige Entscheidung ...t, erleichtert jedoch nicht den Ab...chied von der alten Heimat. Wer an ...iesem Tag völlig emotionslos am Flug...afen steht, muss in seinem bisherigen ...eben irgendetwas falsch gemacht ...aben. Bei den meisten Menschen ist ...ie Stimmung in diesem einschnei...enden Augenblick, der das ganze ...eitere Leben verändert, zwiespältig. ...ine kuriose Mischung aus sentimen...alen Erinnerungen und gespannter ...rwartungshaltung lässt die Gedanken ...urzelbaum schlagen. Jetzt müsste ...an in die Zukunft schauen können: ...ar die weitgreifende Entscheidung, ...er gewohnten Umgebung den Rü...ken zu kehren, wirklich richtig? Diese ...ngewissheit macht aber gerade den ...eiz des Auswanderns aus. Das Flair des ...benteuers versammelt allwöchent...ch Millionen von Menschen vor dem ...ernseher, die gebannt verfolgen, wie ...inige Wenige ihr Bündel schnüren und ...ch auf den Weg in eine ungewisse Zu...unft machen. Da spielt es auch keine ...olle, dass die Zukunft für die Zurück...ebliebenen selbst natürlich ebenfalls ...rößtenteils im Dunkeln liegt.

...anz so ungewiss muss die Zukunft ...ür die Auswanderer gar nicht sein. ...ieles lässt sich bereits im Vorfeld ...rganisieren. Wer schon eine Ar...eitsstelle hat, sollte den Tag der ...breise so legen, dass noch ein paar ...age Zeit zur Akklimatisierung vor...anden sind und nicht gleich am ...orgen nach der Ankunft der er...te Arbeitstag ansteht. Selbst, wenn man an gleicher Stelle bereits ein Dutzend Mal Urlaub gemacht hat, sind die ersten Tage als Einwanderer doch etwas ganz Besonderes. Vielleicht kennen Sie schon jede Straße und jedes Geschäft im näheren Umfeld Ihrer neuen Wohnung. Aber von nun an sind Sie ein fester Teil der Gemeinschaft und nicht mehr jemand, der sich für zwei oder drei Wochen im Jahr die Rosinen aus dem Kuchen pickt.

Die Tage bis zum Arbeitsantritt sollte man nutzen, um die ersten zarten Wurzeln in den neuen Boden zu schlagen. Die Wege, die man möglicherweise schon im Schlaf kennt, müssen neu erkundet werden – diesmal aus der Sicht des Einheimischen. Der Prater in Wien oder das Opernhaus in Sydney sind ab sofort keine Touristenattraktionen mehr, sondern ein Teil der Heimat und nichts weiter als Orientierungspunkte in der Umgebung. Gerade die Attraktionen einer Stadt sind ja meist für die Einheimischen ziemlich uninteressant. Die meisten Menschen interessieren sich viel mehr für Attraktionen im Ausland.

Dafür gewinnen nun andere Orte an Bedeutung. Statt sich wie im Urlaub im Hotelrestaurant bedienen zu lassen, muss man sich künftig wieder selbst um das Essen kümmern. Also sollten zunächst die Geschäfte in der näheren Umgebung erkundet werden. Wo kann man gut und günstig einkaufen? Welche Geschäfte führen die Waren des täglichen Bedarfs? Das hört sich simpel an, ist aber ein

Abschied nehmen auf dem Flughafen: Zu den schwierigsten Dingen beim Auswandern zählt die räumliche Trennung von der Familie und den besten Freunden.

erster, wichtiger Schritt zur Orientierung in der neuen Umgebung. Je besser man sich auskennt, desto sicherer fühlt man sich.

Die Sache mit dem Heimweh

»Durst ist schlimmer als Heimweh«, sagt der Volksmund. Das mag zwar stimmen, aber das Emotionale kann manchmal durchaus mit dem Lebensnotwendigen gleichziehen. Heimweh wird gern mit der Gefühlswelt von Kindern in Verbindung gebracht, die zum ersten Mal mit einer Jugendgruppe unterwegs sind oder sonst Erfahrungen außerhalb der sicheren Familienbande sammeln. Tatsächlich kann Heimweh jeden überkommen, der sich lange und weit genug von seiner gewohnten Umgebung entfernt. Das hat nichts mit dem Alter oder dem Geschlecht zu tun.

Manchmal trifft es die, von denen man es am wenigsten erwartet. So wie einen jungen Familienvater, der in Deutschland selbstständig war und in Kanada mit seiner Famil als Angestellter einen Neuanfar versuchen wollte. Alles lief nac Plan. Die Zelte in Deutschland wu den abgerissen, sogar die Frau, d zuerst zögerte, zog später mit ih an einem Strang. Der Schulwechs der Kinder klappte reibungslos. D Übergang in die neue Welt verli wie am Schnürchen. Nur eines hat niemand bedacht: Ausgerechnet de jenige, der so lange vom Gedanke ans Auswandern beseelt war, far sich zunächst in der neuen Heim überhaupt nicht zurecht. Nicht d Kinder, nicht die Frau, sondern d Initiator der Auswanderung bereu seinen Entschluss. Das ungewohn »Sich-Einordnen-Müssen« in d neue Arbeitsverhältnis entpupp sich als weit größere psychische Bela tung, als angenommen. Das ließ si weder durch die Weite des Land noch durch die Aussicht auf zukü tige bessere Chancen am Arbeit markt mildern. Natürlich ist das nic das Heimweh von Kindern, die si nach ihrer Mama und ihren Spielk meraden sehnen, weil sie sich in d Fremde verloren und hilflos fühle Es ist die dumpfe Ahnung, dass ma einen großen Fehler gemacht hat, d sich möglicherweise nicht oder n unter großen Unannehmlichkeite wieder korrigieren lässt.

Doch Heimweh ist keine Geiße von der man sich den Rest sein Lebens drangsalieren lassen mus Die wirkungsvollste Gegenmaßna me besteht darin, sich voll und ga auf das neue Leben einzulassen un nicht ständig an früher zu denke

Carolina Ott
Stellenbosch, Südafrika

»Ich fürchtete mich davor, mich einsam zu fühlen. Und natürlich hatte ich Angst vor Heimweh, aber glücklicherweise waren all meine Ängste unberechtigt.«

Grundkurs Alltag im Gastland: So gelingt der Start

Celina Greppler
Argentinien

»Die ersten Wochen verflogen wie im Traum. Die harte Zeit mit starkem Heimweh und dem Gedanken, man passe nicht hierher, trat erst nach dem ersten Monat ein.«

as Leben findet im Hier und Jetzt tt. Für den Auswanderer bedeutet s: Lebe in deiner neuen Heimat. utze die Erkenntnisse und Erfahrungen der Vergangenheit, aber vergrabe dich nicht darin. Dabei helfen kann auch ein klein wenig Stolz auf den eigenen Mut.

Cowboy bei einem Rodeo in den USA: Im Umfeld solcher landestypischen Veranstaltungen treffen Sie am ehesten auf Durchschnittsamerikaner und finden ohne große Probleme Anschluss.

Jobsuche vor Ort

Belastbar sollten Sie sein, wenn Sie sich erst im Zielland auf die Arbeitssuche begeben. Mit jedem Tag, an dem es wieder nicht gelingt, eine Arbeit zu finden, wächst der Druck. Manchmal können einem schon die Haare zu Berge stehen, wenn man sieht, wie blauäugig einige Menschen sich ins Abenteuer Auswandern stürzen. Kaum Bargeld, geringe Fremdsprachenkenntnisse, in der neuen Heimat noch keinen Job und kein festes Dach über dem Kopf, aber eine halbfertige Idee im Gepäck – so geht es auf die große Reise. Derart unvorbereitet können Sie sich vielleicht auf einen Kurzausflug ins Nachbarland begeben. Bei einem Umzug ins Ausland ist eine ungenügende Vorbereitung jedoch überaus leichtsinnig. Noch dazu sind Sie dann u[m]geben von Menschen, deren Sprac[he] Sie kaum verstehen, deren Mentali[tät] Ihnen noch nicht vertraut ist und d[ie] mit ganz anderen Dingen beschäft[igt] sind, als damit, es dem Einwander[er] möglichst leicht zu machen.

Mit jedem Tag, an dem es nicht g[e]lingt, Fuß zu fassen, wächst der Dru[ck]. Natürlich kann man nicht alles bere[its] von Deutschland aus regeln. Aber gerade bei der Unterkunft oder d[er] Jobsuche einfach darauf ankomm[en] zu lassen, ist mehr als leichtsinn[ig]. Das gilt natürlich ganz besonders f[ür] die exotischen Auswanderungszie[le], wo man oft nicht einmal weiß, w[ie] die einheimische Bevölkerung ihr[en] Lebensunterhalt verdient. Wer na[ch]

Bowling gehört in vielen Ländern zu einer sehr beliebten Freizeitgestaltung. In der entspannten Atmosphäre lassen sich besonders leicht nette Leute kennenlernen.

Grundkurs Alltag im Gastland: So gelingt der Start

Linda Pracejus
Ecuador

»Die Aufgaben, die einen im Ausland erwarten, sehen von weitem oft so riesig und unmöglich aus, aber wenn man sie erstmal in Angriff nimmt, entwickelt man Kräfte, von denen man nie geträumt hätte. Solche Momente prägen für das ganze weitere Leben.«

…damerika nur mit der Hoffnung …swandert, irgendwo gebraucht … werden, ist ziemlich realitätsfern. …ost in Ländern mit geringer Bevöl…ungsdichte, wie zum Beispiel Ka…da oder Australien, werden nicht …begrenzt Arbeitskräfte gesucht. …d die, die gesucht werden, müssen …au definierten Anforderungen …sprechen.

…s man es doch darauf ankommen …t und erst nach dem Auswandern … Ort einen Job sucht, sollte man … zuvor gut informieren, worauf die …sonalchefs im Zielland besonderen …rt legen. Das müssen schließlich …t zwangsläufig die gleichen Krite-…n sein wie in Deutschland. In den …A gilt zum Beispiel auch beim Be-…bungsgespräch die Regel »time is …ney«. Die Einstellungsgespräche …ern in der Regel nur wenige Mi-…en. Erzählen Sie also nicht Ihre Le-

bensgeschichte, sondern kommen Sie direkt auf den Punkt: Warum wollen Sie ausgerechnet bei diesem Unternehmen arbeiten? Nur wenn Ihr Gegenüber gezielt danach fragt, können Sie die Auswanderung mit zwei oder drei kurzen Sätzen abhandeln. Sie ist jedoch nicht automatisch Inhalt des Bewerbungsgesprächs. Was bei den meisten »job interviews« auch nicht gut ankommt, ist ein negativer Rückblick. Gejammer über frühere Arbeitgeber hört man zum Beispiel im zukunftsorientierten Amerika gar nicht gern.

Alles ganz anders vorgestellt

Unterschiede in der Kultur oder der Mentalität kann man sich nur bedingt anlesen oder anhand von Fernsehsendungen beurteilen. Man muss sie erleben, und das nicht als Urlauber, sondern als jemand, der richtig dazugehört. Was bei einem 14-tägigen

Aufenthalt aus der Sicht eines Pauschaltouristen exotisch, spannend und anregend erscheint, kann nach einem Umzug ganz schnell nervig werden. In unseren Breitengraden ist man es beispielsweise gewohnt, sich öfters zurückzuziehen und sein eigenes Leben zu führen – und zwar wann immer einem danach ist. Dieses Verhalten kann in südlichen Gefilden durchaus Stirnrunzeln hervorrufen. Das Ausleben der Individualität muss da oft hinter den engeren sozialen Banden zurückstehen. Diese stehen zwar einerseits für einen größeren Zusammenhalt, können den Einzelnen andererseits aber auch erdrücken, wenn sie als Zwang empfunden werden. Die Pflege älterer, bedürftiger Familienangehöriger ist in vielen Ländern die Pflicht der Frauen. Diese Aufgabe wird einem nicht von sozialen Einrichtungen abgenommen, sie ist Sache der Familie. Wer seinem ausländischen Ehepartner in ein Land mit solchen Struktur[en] folgt, sollte das bereits vorher wiss[en], sonst kann die Überraschung gr[oß] sein. Entziehen kann man sich die[ser] Verantwortung kaum. Mit dem H[in]weis auf Gleichberechtigung all[ein] wird man alte Traditionen nicht auf[ßer] Kraft setzen können. Schon gar ni[cht] als Zugezogener. Natürlich muss m[an] auch in der neuen Heimat kein L[e]ben als Duckmäuser führen und a[lles] hinnehmen, was dort geschieht. M[an] sollte sich allerdings zumindest [im] Klaren darüber sein, dass die eige[ne] Meinung nicht überall auf der W[elt] das Nonplusultra darstellt.

Das gilt ganz besonders für das [öf]fentliche Ausleben der Religiosit[ät]. Was in Deutschland gemeinhin [als] Privatsache gilt und wie politisc[he] Themen vom Small Talk ausg[e]nommen ist, ist zum Beispiel in s[üd]amerikanischen Ländern ein Teil d[es] Alltags. Bei einem Problem werd[en] zwischendurch schnell die Schu[tz]heiligen angerufen, man bekreuz[igt] sich bei jeder Gelegenheit, und a[uch] der Gang in die Kirche ist nicht n[ur] etwas für ältere Frauen. Man m[uss] nicht einmal bis nach Südamer[ika] gehen, um deutliche Unterschie[de] zum Leben in Deutschland fest[zu]stellen. Auch in den USA spielt [die] Religion eine viel zentralere Rolle [als] bei uns. Die Gemeinde ist das sozi[ale] Netzwerk, in dem sich der Einze[lne] entwickeln kann. Allerdings gibt [es] hier ein Stadt-Land-Gefälle. In d[en] Großstädten sind diese Bindung[en] nicht mehr so stark wie im a[me]rikanischen Mittelwesten oder [in] anderen eher ländlich orientier[ten]

Sonja & Frank Kühnel
Utah, USA

»Eines ist sicher: Hier bekommt man nichts geschenkt. Man muss auch etwas anzubieten haben. Eine gute Ausbildung, Kreativität, Arbeitswillen und die Bereitschaft, andere Tätigkeitsfelder auszuprobieren, helfen beim Neuanfang.«

Grundkurs Alltag im Gastland: So gelingt der Start

»Job interview« in den USA: Auch bei Bewerbungsgesprächen gibt es von Land zu Land Unterschiede. Sich über die landesspezifischen Anforderungen zu informieren gehört zum Pflichtprogramm.

gionen des Landes. Gerade für en Neuankömmling kann es wichtig sein, diese Strukturen zu kennen. elingt es, in einer Gemeinde Fuß fassen, verläuft der Integrationsprozess meist viel schneller und bungsloser.

ndere Länder, andere Sitten

weiter das Ziel entfernt liegt, desgrößer ist die Wahrscheinlichkeit, ss man in der neuen Heimat mit lturellen Besonderheiten, anderen äuchen, einer anderen Mentalität d vielleicht sogar mit einer anden Religion konfrontiert wird. Davon lte man sich nicht überraschen lasn. Die Unterschiede zu den eigenen ewohnheiten könnten nicht nur oß, sondern schier unüberwindbar n. Die geradezu futuristisch anmunden Vereinigten Arabischen Emie erwecken beim Touristen schnell n Eindruck, hier sei alles möglich d machbar. Dabei wird gern über-

sehen, dass man sich innerhalb des islamischen Kulturkreises befindet. Schon der Genuss von Alkohol ist stark reglementiert. Wer mit bestimmten Medikamenten oder Drogen erwischt wird, dem drohen drakonische Strafen. Das gilt auch dann, wenn es sich um geringe Mengen handelt, die in Deutschland keine Konsequenzen

Auf und davon – mein Auslandstagebuch

Janin Scharrenberg
Neuseeland

»Ich war total überrascht, wie schnell man sich hier einleben kann! Ich wurde sofort von allen meinen Mitschülerinnen gut aufgenommen. Obwohl es anfangs schwer war mit dem Englisch, war ich schnell integriert.«

nach sich ziehen würden. In solchen Fällen ist auch die deutsche Botschaft ziemlich machtlos.

Doch auch an Orten mit christlicher Tradition muss das Alltagsleben nicht zwangsläufig mit unserem identisch sein. Es gibt durchaus Länder, in denen die Menschen eine ganz andere Vorstellung von Zeit haben als bei uns. Die Ansage »Wir treffen uns morgen früh« kann eine Zeitspanne bis zum Nachmittag hinein umfassen. Bestimmt ist damit nicht das gemeint, was man sich als auf Pünktlichkeit fixierter Deutscher darunter vorstellt.

Heurigenlokal im Wiener Stadtteil Grinzing: Anders als in vielen exotischen Ländern, gibt es in Österreich keine unliebsamen kulinarischen Überraschungen.

Noch komplizierter kann es beim Essen werden. Damit die kulinarischen Unterschiede kein Problem werden, sollte man sich bereits im Vorfeld damit auseinandersetzen. Wer schon einmal in Italien war, kennt wahrscheinlich die Situation, dass man nach dem ersten Nudelgericht schon richtig satt ist – obwohl das erst die Vorspeise war. Gastfreundschaft ge[ ] in vielen süd- und osteuropäisch[ ] Ländern eben durch den Mage[ ] Wird nicht reichlich zugelangt u[ ] von allen Speisen gekostet, ka[ ] das schnell als Beleidigung aufg[ ] fasst werden. In exotischen Lände[ ] wiederum stehen Gerichte auf de[ ] Speiseplan, die für unseren Gaum[ ] gewöhnungsbedürftig sein könne[ ] In Australien kommen nicht nur Kä[ ] gurus und Krokodile auf den Tisc[ ] sondern auch ausgefallene Happ[ ] der Aborigines-Küche wie beispie[ ] weise Ameiseneier. In Südostasie[ ] zählen Insekten zu den Spezialität[ ] In Korea wiederum gilt Hundefleis[ ] als Delikatesse.

Berufliche Integration

Es kann nicht oft genug beto[ ] werden, dass zwischen einem U[ ] laub und dem Auswandern Welt[ ] liegen. Das gilt natürlich ebenso f[ ] die Menschen, mit denen Sie es

Familie Balke
Schweden

»Auch in einem anderen Land muss man für sein Geld arbeiten. Auswandern ist kein Urlaub.«

Grundkurs Alltag im Gastland: So gelingt der Start

...un bekommen. Wer als Urlauber ...ach Mallorca fliegt, stellt für die ...ortige Tourismusbranche in erster ...inie eine willkommene Einnahmequelle dar. Klar, dass man umschmei...helt und überall freundlich und zu...orkommend behandelt wird. Wer ...agegen ein Land als Einwanderer ...etritt und dort arbeiten möchte, ...teht automatisch mit den Einhei...ischen in alltäglicher Rivalität um ...in Einkommen, um Lebenspartner ...nd Freunde. Lässt man sich irgend...o nieder – ganz gleich, in welchem ...and – tritt man automatisch in ein ...onkurrenzverhältnis.

und Ordnungssinn ins Feld wirft, ist möglicherweise ein großer Gewinn für jedes Unternehmen. Die Frage ist nur, ob das auch entsprechend honoriert wird oder ob nicht die Abstrafung durch die Kollegen auf dem Fuß folgt. Immerhin sind die Mitarbeiter möglicherweise schon seit Jahrzehnten hier und lassen sich nur ungern von Neulingen, die noch dazu aus dem Ausland kommen, vorführen. Ein bisschen mehr Fingerspitzengefühl ist also gefragt. Vor allem auch deshalb, weil in anderen Ländern ganz andere Spielregeln für den beruflichen Werdegang herrschen. Während sich hier

Reichhaltiges Tapas-Angebot in einem spanischen Restaurant: Gerade auf dem Gebiet der kulinarischen Vorlieben gibt es oft große Unterschiede zwischen alter und neuer Heimat.

...in deutscher Auswanderer, der in ...einem neuen Umfeld ohne Rück...icht auf Verluste alle deutschen Tu...enden wie Disziplin, Pünktlichkeit

die Türen aufgrund einer bestimmten Ausbildung entweder öffnen oder verschlossen bleiben, zählen im Ausland oft ganz andere Faktoren. In den USA entscheidet der Arbeitgeber, ob Sie für eine bestimmte Tätigkeit geeignet sind oder nicht. Dabei ist es völlig gleichgültig, ob Ihre Zeugnisse offiziell anerkannt sind. Nach der Einstellung zählt nur noch die Leistung für das Unternehmen. Von den Mitarbeitern wird selbstverständlich erwartet, dass persönliche Interessen hinten angestellt werden. Gemeinsame Aktivitäten außerhalb des Unternehmens sind keine Seltenheit und sollen den Teamgeist stärken. Das kann aus unserer Sicht manchmal ein wenig sektiererisch anmuten. Auch der Leistungsgedanke spielt in den angelsächsischen und einigen asiatischen Ländern eine ganz andere Rolle als bei uns. Wer sich bereits über den Leistungsdruck in Deutschland beklagt, sollte es sich gut überlegen, ob er in eines dieser Länder auswandern möchte. Wer ein hohes Maß an Begeisterung für seinen Job mitbringt, wird sich dagegen sofort wohlfühlen und auch entsprechend gefördert.

Goodbye Deutschland die Auswanderer

Alexander Berg & Sonja Körfer
Tansania

»Am meisten Angst hatten wir davor, dass es nicht so wird, wie wir es uns vorgestellt haben und wir das deutsche Leben mit Freunden, Familie und allen Annehmlichkeiten zu sehr vermissen.«

Die neue Heimat aktiv mitgestalten

Arbeiten bis zum Umfallen reicht je doch nicht aus, um im Zielland he misch zu werden – vor allem dann wenn man nicht allein, sondern m seiner Familie auswandert. Erfolgve sprechender ist es, überall im Allta Flagge zu zeigen, statt sich am A beitsplatz vom ersten Tag an unbe liebt zu machen, weil man alles bes ser weiß. Das gilt gerade dann, wen man sich am Anfang in der Fremd unsicher und ein bisschen verlore fühlt. Wenn Sie allein auswander wird Sie das Gefühl des Alleinsein wahrscheinlich irgendwann überro len wie eine Sturmwelle. Doch gese lige Menschen gibt es auf der ganze Welt und die treffen sich in Club Vereinen und ähnlichen Organisat onen. In einigen Ländern genügt e auch, wenn Sie sich einfach in ein Lo kal setzen. Spätestens beim zweite Bier oder Wein sitzen Sie nicht meh allein am Tisch.

Wenn Sie sich schwertun, jemande kennenzulernen, denken Sie daran Viel wichtiger als das Aussehen is die Ausstrahlung und da sende viele Menschen oft ganz unbewuss das Signal aus: Bleib mir vom Hal Meistens geschieht dies aus einer ge wissen Scheu heraus. Wer Problem damit hat, sollte es einfach einma mit einem offenen Lächeln versu chen. Das wirkt in jedem Land. Ma muss den Anderen nur eine Chanc geben. Auf diese Weise werden Si schnell Freunde und Bekannte finde und jede Art von Heimweh wird i Keim erstickt.

Grundkurs Alltag im Gastland: So gelingt der Start

m einfachsten bekommt man Anschluss in Sportvereinen oder in den Bildungsinstituten der Kinder, zum Beispiel im Elternrat an der Schule. Dafür sind Freiwillige in den meisten Ländern nur schwer zu gewinnen. Das hat den entscheidenden Vorteil, dass man sich als Neuling nicht gegen etablierte Platzhirsche durchsetzen muss, sondern gerne als zusätzliche Hilfe akzeptiert wird. Auch in Sportvereinen muss man sich nicht erst durch seine körperlichen Fähigkeiten unter Beweis stellen. Weltweit benötigen Vereine Menschen, die sich um den Ablauf kümmern, bei Jugendturnieren als Kampfrichter aushelfen oder in den Turnierpausen Kaffee und Kuchen verkaufen.

Auch wenn man diese Aktivitäten in Deutschland niemals in Erwägung gezogen hätte, ist das der schnellste Weg, um Anschluss zu bekommen und in die Gemeinschaft aufgenommen zu werden. Das ist übrigens in Deutschland kein bisschen anders. Problemlos integriert sind hier diejenigen Ausländer, die aktiv am deutschen Gemeinschaftsleben teilnehmen. Nach spätestens zwei Jahren fragt diese Menschen niemand mehr, wo sie herkommen. Genau das ist Integration: mitten im Alltagsgeschehen des jeweiligen Landes sein. Es braucht keine politischen Programme und Ausländerbeauftragte, um irgendwo in der Ferne heimisch zu werden. Es genügt Offenheit gegenüber der neuen Heimat und gegenüber den Menschen, die dort wohnen. Wem das zu viel ist, der sollte lieber zu Hause bleiben.

Vom Urlauber zum Einwanderer

- Erst prüfen, dann Pläne schmieden: Taugen Sie zum Auswandern?
- Kindern fällt der Abschied besonders schwer, sie finden sich aber umso schneller in der neuen Heimat zurecht.
- Statistisch betrachtet kehren fast 70 % aller Auswanderer wieder in ihre alte Heimat zurück.
- Das Heimweh schwindet in dem Maße, in dem man in der neuen Umgebung heimisch wird.
- Wer aktiv am Alltagsleben teilnimmt, ist schneller integriert.
- Auswanderer sollten ganz besonders anpassungsfähig und belastbar sein.

Baseballstadion in den USA: Über den Sport lassen sich meist schnell erste Freundschaften knüpfen – egal, ob man selbst in einem Verein aktiv wird oder als Fan eine Mannschaft unterstützt.

Auswandern im Alter: Genießen oder Durchstarten

Mildes Klima, gutes Essen, lange Strandspaziergänge – viele Rentner träumen von einem Lebensabend im Süden. In den letzten Jahren verwirklichen immer mehr Ruheständler diesen Traum. Aber auch ältere Menschen, die noch im Berufsleben stehen, wagen verstärkt einen Neuanfang im Ausland.

Strandrestaurant auf Mallorca: Sonne, Palmen und Blick aufs Meer – so stellen sich viele Menschen den idealen Platz für ihren Ruhestand vor.

Vorhergehende Doppelseite: Ein Rentnerpaar genießt den Ruhestand im sonnigen Süden (großes Bild); Lebensfreude bei einem Glas Wein (kleines Bild oben); Erfahrener Handwerker bei der Arbeit (kleines Bild unten).

Das Durchschnittsalter des typischen Auswanderers lag im Jahr 2006 bei 32 Jahren. Mehr als zwei Drittel der Menschen, die Deutschland den Rücken kehren, sind deutlich jünger als 50 Jahre. Dennoch steigt auch die Zahl derjenigen, die ihre Heimat im fortgeschritteneren Alter verlassen. Als Folge des demografischen Wandels wird diese Auswanderergruppe in den nächsten Jahren sogar noch deutlich zulegen. Momentan wagen jährlich rund 20 000 ältere Menschen aus Deutschland den Umzug in ein anderes Land. Dabei ist nicht jede ältere Mensch gleich ein Fall für da viel zitierte Abstellgleis. Warum sollt nicht jemand, der sein ganzes Lebe aktiv und eigenverantwortlich gehan delt hat, auch mit 60 oder 70 Jahre noch voller Tatendrang sein und Zu kunftspläne schmieden?

Außer Frage steht jedoch, dass da Verlassen der Heimat mit zuneh menden Alter schwieriger wird. Di Hürden im Alter sind deutlich höhe als in jungen Jahren. Die Bindunge

Auswandern im Alter: Genießen oder Durchstarten

n die Heimat sind um ein Vielfaches ärker. Nicht umsonst heißt es im olksmund, dass man einen alten aum nicht verpflanzen soll. Allerdings t es vielleicht die letzte Chance, dem eben noch einmal eine entscheidende Wende zu geben und etwas zu un, was man sich jahrzehntelang aus erantwortungsbewusstsein versagt at. Nun sind die Kinder groß und das erufsleben ist erfolgreich abgeschlossen. Warum sollte man also nicht och noch einmal etwas riskieren, evor es zu spät ist? Zumal das Risio heutzutage überschaubar ist; vor llem dann, wenn man darauf achtet, ass man auch weiterhin versichert ist nd die Rente voll überwiesen wird. n Ländern außerhalb der EU, mit deen Deutschland keine binationalen erträge hat, kann das durchaus prolematisch werden. Wer im Ausland och arbeiten möchte, sollte sich erundigen, wie sich das auf die Höhe er späteren Rente auswirkt.

Meist schlechte Chancen auf dem Arbeitsmarkt

Der körperliche Alterungsprozess eschränkt die berufliche Perspektie älterer Menschen in vielen Ländern der Welt. Ab einem gewissen Alter gilt man auf dem Arbeitsmarkt gemeinhin als schlecht bis gar nicht vermittelbar. Es ist dabei völlig gleichgültig, ob ein 60-jähriger Bewerber atsächlich weniger leistungsfähig ist ls ein jüngerer.

Ungeachtet dieser weit verbreiteten Diskriminierung gibt es immer mehr Menschen jenseits des 50. Lebensahres, die sowohl körperlich als auch geistig in Bestform sind. Doch was zählt, ist allein das Geburtsdatum. In den meisten Ländern sind ältere Einwanderer nur willkommen, wenn sie über ausreichende finanzielle Mittel verfügen, um sich auch ohne Arbeit über Wasser halten zu können. Das bringt Devisen ins Land und ist daher gerne gesehen. Dagegen können sich ältere Auswanderer auf

der Suche nach Arbeit nur geringe Hoffnungen auf einen Job machen. In Kanada liegt die Altersgrenze für Arbeit suchende Einwanderer bei 49 Jahren – obwohl man zu diesem Zeitpunkt noch immer rund ein Drittel seiner Lebensarbeitszeit vor sich hat. Und das müssen nicht zwangsläufig die unproduktivsten sein. Trotzdem gilt: Wer älter ist, bekommt keine Arbeitserlaubnis. Ähnliches gilt für Australien und Neuseeland. Natürlich gibt es auch hier Ausnahmen von der Regel. Wer über besondere Fähigkeiten verfügt, die im Zielland dringend benötigt werden, kann auch nach seinem 49. Geburtstag noch eine Arbeitserlaubnis bekommen.

Bedeutend einfacher ist es in Skandinavien, dort haben erfahrene Arbeitnehmer auch jenseits der 50 noch eine gute Chance. Dies gilt vor allem dann, wenn sie gut ausgebildet sind und in ihrem bisherigen Arbeitsleben reichlich Erfahrung sammeln konnten. In den skandinavischen Ländern zählt eher das Know-how als das Geburtsdatum. Als ehrenamtliche Berater für Aufbauprojekte sind ältere Experten übrigens in vielen Ländern gern gesehen. Keine Probleme mit dem Alter hat man auch dann, wenn man in einem Land ei[n] Unternehmen gründet und Arbeit[s]plätze für Einheimische schafft. D[ie] Finanzierung sollte allerdings im Vo[r]feld gewährleistet sein. Für Ehegatte[n] egal welchen Alters ist es ebenfalls kei[n] Problem, ihren Partnern in deren He[i]matländer zu folgen.

Den Ruhestand genießen

Die Mehrzahl der heutigen Rentne[r] ist sowohl finanziell als auch gesund[-]heitlich in der Lage, den Lebensabe[nd] richtig zu genießen – und zwar dor[t,] wo es ihnen am besten gefällt. I[m] Jahr 2007 ließen sich nach Angabe[n] der Deutschen Rentenversicherun[g] rund 170 000 Deutsche ihre Rente in[s] Ausland nachschicken. Vor allem d[ie] Altersgruppe der über 65-Jährige[n] fühlt sich von Europas Süden ange[-]zogen. Etwa 2000 von ihnen gehe[n] pro Jahr ins sonnige Spanien. Auc[h] Österreich und die Schweiz übe[n] auf die ältere Generation einen ähn[-]lichen Reiz aus wie auf die jüngere[n] Auswanderer. Ein Grund dafür ma[g] sein, dass nicht alle älteren Mensche[n] die Hitze im Süden gut vertrage[n.] Eine landschaftlich reizvolle Gegen[d] wie sie die Alpenländer bieten, üb[t] ein hohes Maß an Anziehungskraf[t] aus, während die Temperature[n] selbst im Hochsommer nicht so hoc[h] klettern wie im Mittelmeerraum[.] Außerdem ist die Überwindung be[i] einer Auswanderung in die beide[n] Nachbarländer nicht ganz so groß[.] Man spricht dort die gleiche Sprache[,] und auch die Küche unterscheide[t] sich nicht so stark. Somit müssen sic[h] betagtere Ruheständler nicht meh[r] komplett umstellen.

Radfahren am Strand: Die Mehrzahl der heutigen Ruheständler bleibt bis ins hohe Alter aktiv.

Auswandern im Alter: Genießen oder Durchstarten

...erdings gibt es auch durchaus noch ...enteuerlustige Pensionäre, die es ...s nach Südamerika verschlägt. Bei ...otischeren Zielländern ist zu ver...uten, dass zum Teil bereits freund...haftliche oder familiäre Bande ins ...usland bestehen.

...tersarmut gibt ... auch anderswo

...rade für Auswanderer im Ruhestand ...t: Alles dreimal durchrechnen, bevor ...an sich auf die Reise macht. Überall ...a, wo es schön ist, kostet das Leben ...ch viel Geld. Im Urlaub lassen sich ...e Preise noch gut verschmerzen, ...enn man aber an einem solchen ...eckchen Erde seinen Lebensabend ...erbringen möchte, muss die Rente ...hon besonders üppig ausfallen oder ...an muss ans Ersparte. Man sollte sich ...so genau informieren, wie teuer das ...eben vor Ort ist. Kann man den Alltag ...erade so finanzieren, sollte man den ...uswanderplan gleich wieder in die ...chublade legen oder sich nach einem ...ünstigeren Ort umschauen. Wird ...as Geld jetzt schon knapp, reicht die ...ente in zehn Jahren ganz sicher nicht ...ehr aus. Die Lebenshaltungskosten ...eigen wohl überall deutlich schnel...er als die Rente. Auch Annehmlich...eiten, die den Alltag erleichtern und ...ebenswert machen, können mit einer ...eringen Rente in vielen Ländern nicht ...ezahlt werden.

Gibt es im Ausland ...ie volle Rente?

...nnerhalb der EU-Länder Belgien, Bul...arien, Dänemark, Deutschland, Est...and, Finnland, Frankreich, Griechen...and, Großbritannien, Irland, Italien, Lettland, Litauen, Luxemburg, Malta, Niederlande, Österreich, Polen, Portugal, Rumänien, Schweden, Slowakei, Slowenien, Spanien, Tschechien, Ungarn und Zypern (griechischer Teil) sowie in Island, Liechtenstein, Norwegen und der Schweiz erhalten Sie die Rente in voller Höhe wie in Deutschland. Außerhalb dieser Staaten bekommen Deutsche die volle Rente nur aus den Beitragszeiten gezahlt, die sie in der Bundesrepublik Deutschland verbracht haben.

In der Regel gibt es mit der Wohnsitzverlegung keine Abzüge bei der Rente, dennoch sollten Sie vorher mit der Rentenversicherung in Kontakt treten. Diese verlangt nämlich einmal im Jahr eine sogenannte Lebensbescheinigung, die auf genau vorgeschriebenem Weg einzureichen ist. Der Lebensnachweis erfolgt in der Regel über das Konsulat oder besonders zugelassene Stellen (zum Beispiel in den USA über einige Notare). Es gibt aber auch Sonderregelungen mit einigen Ländern, die im Einzelfall zu erfragen sind. Mit der Lebensbescheinung soll vermieden werden, dass Rententräger Geld für Verstorbene überweisen. Unstimmigkeiten kann es bei Fremdwährungen geben. Die Rente wird dem Auslandskonto dem jeweiligen Umrechnungskurs entsprechend in der Landeswährung gutgeschrieben. Hier können sich Kurs-

---

Ältere Auswanderer

- Senioren sind heute gesünder und aktiver als in früheren Zeiten.
- Jedes Jahr verlassen 20 000 Deutsche, die älter als 50 Jahre sind, ihre Heimat. Damit stellen Senioren ungefähr 12 % aller Auswanderer.
- Arbeitsstellen sind für ältere Menschen auch im Ausland nicht leicht zu finden.
- 170 000 Deutsche erhalten ihre Rente im Ausland.
- Spanien ist das beliebteste Zielland für Senioren, aber auch Österreich und die Schweiz ziehen viele Rentner an.

Champagnerfrühstück im Freien: Immer mehr Menschen genießen ihren Lebensabend dort, wo es ihnen am besten gefällt.

schwankungen durchaus bemerkbar machen. Kompliziert wird es, wenn der Auswanderer Ansprüche nicht nur in Deutschland geltend machen kann, weil er in mehreren Ländern gearbeitet hat. In diesem Fall müssen Sie sich mit den jeweils zuständigen Stellen selbst in Verbindung setzen und dort die Rente beantragen.

Pflegeversicherung und Patientenverfügung
Bei der Pflegeversicherung müssen Sie mit Einbußen rechnen. Im Ausland bekommen Sie lediglich das reine Pflegegeld ausgezahlt. Die höhere Sachleistung für die Inanspruchnahme von Diensten wird nicht bezahlt. Das bedeutet eine Einschränkung um gut die Hälfte. Alles, was über das reine Pflegegeld hinausgeht, muss der Auswanderer selbst finanzieren. Im Normalfall erlischt der Krankenversicherungsschutz mit der Abmeldung

in Deutschland. Es gibt jedoch ei ganze Reihe Ausnahmen, die nur i Einzelfall geklärt werden können. V Vorteil kann es sein, sich von sein Krankenversicherung ein sogenannt E-Formular zu besorgen, das Sie b der zuständigen Gesundheitseinric tung im Ausland vorlegen. Dann blei die Versicherung in Deutschland b stehen. Das Thema Sozialversicherur für Auswanderer ist sehr komplizie und individuell verschieden. Orienti rung bietet unter anderem die »Deu sche Verbindungsstelle Krankenvers cherung – Ausland« (DVKA).

Problematisch wird es, wenn älter Menschen auf Pflege angewiese sind. Geht es dann in eines der lan destypischen Pflegeheime, in dene deutsche Standards teilweise mühelo unterboten werden, oder lässt ma sich doch in Deutschland versorger Es ist besser, sich darüber frühzeiti

Auswandern im Alter: Genießen oder Durchstarten

…ei klarem Verstand Gedanken zu …achen. Andernfalls treffen Fremde …ese Entscheidung.

…tientenverfügungen sind eine gute …che, allerdings ist es oft schon in …eutschland ein Problem, eine Ver-…gung durchzusetzen. Die Rechtsla-… ist unklar. Viele Mediziner haben …ngst vor Regressansprüchen wegen …terlassener Hilfeleistung, wenn sie …n Wünschen des Patienten stattge-…n. Ohne Bevollmächtigten, der die …genen Interessen auch dann ver-…eten kann, wenn man selbst dazu …cht mehr in der Lage ist, sind viele …tientenverfügungen nicht viel wert. …och schwieriger wird die Sache im …sland. Eine deutsche Patienten-…rfügung ist dort keine Hilfe. Eine …öglichkeit, im Notfall seine Inte-…ssen dennoch zu wahren, besteht …rin, die Verfügung von einem an-…kannten Übersetzer in die jeweilige …ndessprache übertragen und von …em Notar beglaubigen zu lassen.

Im Todesfall

Irgendwann schlägt auch jedem Auswanderer das letzte Stündlein. Die Frage ist nur: Was geschieht mit dem Verstorbenen, wenn dieser noch die deutsche Staatsangehörigkeit hat? Gibt es in der Wahlheimat keine Hinterbliebenen, nimmt in der Regel das Krankenhaus oder die örtliche Polizei sofort Kontakt mit dem nächsten deutschen Konsulat auf. Von hier aus werden die Angehörigen in Deutschland informiert, die über das weitere Vorgehen entscheiden, wenn keine speziellen Wünsche des Verstorbenen hinsichtlich seiner Bestattung bekannt sind. Grundsätzlich ist eine Bestattung sowohl in der Wahlheimat als auch in Deutschland möglich. Letztendlich ist auch das eine Kostenfrage. So kostet eine Rückführung aus Spanien rund 3500 Euro. Die Beerdigung im Gastland ist deutlich preiswerter und vielleicht auch im Sinne des Verstorbenen.

Friedhof auf Sizilien: Auswanderer müssen sich auch damit befassen, ob ihre letzte Ruhestätte in der neuen oder in der alten Heimat sein soll.

Von Au-pair bis Work & Travel: Auswandern auf Zeit

Immer mehr Schüler und Studenten nutzen die Möglichkeit, ein Semester oder ein ganzes Jahr im Ausland zu verbringen. Sie verbessern damit nicht nur ihre Sprachkenntnisse, sondern lernen zudem eine andere Kultur kennen. Auch die Zahl der Berufstätigen, die für eine begrenzte Zeit ins Ausland gehen, steigt.

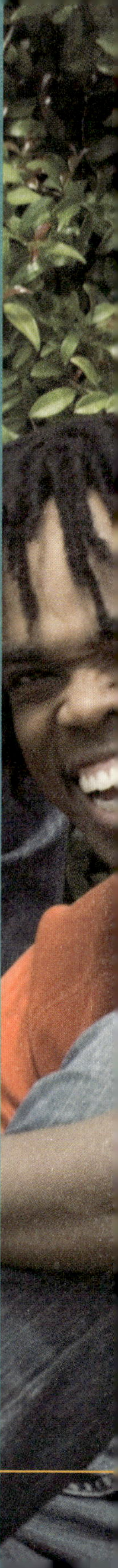

Vorhergehende Doppelseite: Studenten aus unterschiedlichen Ländern (großes Bild); Austauschschülerinnen mit chinesischer Gastfamilie (kleines Bild oben); Gebäude auf dem Campus der US-amerikanischen Universität Princeton (kleines Bild unten)

Kirstin Hartlich
Malaysia

»Anderen jungen Leuten kann ich den Tipp mit auf den Weg geben, offen für alles noch so Neue und Unbekannte zu sein. Respekt zu wahren, die Unterschiede verstehen zu lernen und die Fähigkeit, sich anpassen zu können, sind von größter Bedeutung und werden das Austauschjahr zu einem unvergesslichen Erlebnis machen.«

Obwohl ferne Länder auf viele Menschen eine große Anziehungskraft ausüben, entschließt sich letztendlich nur ein kleiner Teil dazu, alle Brücken hinter sich abzureißen und der Heimat endgültig Adieu zu sagen. Soweit muss man auch gar nicht gehen. Der Duft der großen weiten Welt lässt sich bereits dann schnuppern, wenn man nur für eine begrenzte Zeit ins Ausland geht.

Schüleraustausch – Auswandern Light

Ein Schüleraustausch ist zwar eine deutlich abgespeckte Version des Auswanderns, aber für Jugendliche im Schulalter doch schon eine ziemlich große Herausforderung. Für viele ist es der erste Aufenthalt in der Fremde ohne Familie und Freunde. Darüber hinaus muss man sich mit einer Gastfamilie arrangieren, in der man niemanden kennt. Den idealen Einstieg für dieses Abenteuer bilden kurze Schnupperaufenthalte im Rahmen eines Austauschprogramms zwei Schulen. Der Zeitraum ist überscha bar und dennoch lang genug, u die Menschen einer anderen Natio kennenzulernen und eine Sprach deren Klang man sonst nur aus de Schulunterricht kennt, im Original hören. In dieser Schnupperzeit zei sich zudem, ob man die Trennur von zu Hause problemlos verkraft oder unter starkem Heimweh leide So etwas lässt sich erst in der Pra× herausfinden. Natürlich findet wä rend der Schnupperzeit auch e richtiger Schulunterricht im Gastlar statt. In der kurzen Zeit spielt d aber nur eine untergeordnete Ro le. Es geht vielmehr darum, sich a nächster Nähe ein eigenes Bild vo Gastland zu machen und möglich weise bestehende Vorurteile abz bauen. Vielleicht werden schon der kurzen Zeit länderübergreifen Freundschaften geschlossen, die e ganzes Leben lang anhalten.

Von Au-pair bis Work & Travel: Auswandern auf Zeit

nimmt eine Familie an einem Schüleraustauschprogramm teil, schickt sie nicht nur ihr Kind ins Ausland, sondern nimmt dafür auch das Partnerkind als Gast auf. Als erster Schritt wird von der Schule geprüft, wer zu wem passt. Zu diesem Zweck füllen Schülerinnen und Schüler, die an dem Programm teilnehmen wollen, einen Fragebogen aus und legen einen kurzen Steckbrief an. Gemeinsame Hobbys erleichtern die Kommunikation, auch wenn die sprachlichen Mittel einmal versagen. Hilfreich ist auch, dass Schüler während des Austausches nicht komplett auf sich allein gestellt sind, sondern Gruppenaktivitäten mit allen Austauschschülern und betreuenden Lehrern auf dem Programm stehen. Dies kann tröstlich sein, wenn der zugewiesene Partnerschüler doch nicht so ganz zu einem passt und man ganz klammheimlich schon die Tage bis zur Rückreise zählt. Trotz gelegentlicher Unstimmigkeiten sind die Austauschprogramme an den meisten Schulen so beliebt, dass nicht alle Bewerbungen berücksichtigt werden können. Ganz umsonst sind solche Austauschprogramme natürlich auch nicht, aber es gibt Förderungen dafür. Weniger finanzkräftige Eltern müssen zwar auch einen Beitrag leisten, dieser hält sich allerdings in vertretbaren Grenzen.

Informationsflyer des Vereins »Youth for Understanding« (YFU), der Auslandsaufenthalte für Schüler betreut und organisiert

Ein Jahr im Ausland

Der nächstgrößere Schritt ist ein halb- oder ganzjähriger Schüleraustausch. Dieses Unterfangen stellt ganz andere Anforderungen, nicht nur an die Fähigkeiten und Eigenschaften der teilnehmenden Schüler, sondern auch an die Haushaltskasse. Ein Austauschjahr in Australien kann bei einem professionellen Anbieter schon um die 20 000 Euro kosten – das Taschengeld ist dabei noch nicht mit eingerechnet. Deshalb sind auswanderwillige Schüler auf die Unterstützung ihrer Eltern angewiesen.

Bei einem ganzjährigen Aufenthalt geht es nicht mehr nur um Spaß und Unterhaltung, in diesen Fällen muss auch an der Schule gebüffelt werden. Rudimentäre Grundkenntnisse in der Landessprache reichen nicht mehr aus, wenn man dem Unterricht halbwegs folgen möchte. Begabten Schülerinnen und Schülern hilft die Schule bei der Beantragung eines Stipendiums und der Auswahl einer adäquaten Anlaufstelle im Ausland. Dies gilt für Schüler ab der 11. Klasse. Mittlerweile gibt es darüberhinaus sogar schon Austauschprogramme für Schüler ab 14 Jahren. Überdurchschnittlich begabte Schüler, die zudem durch ihr außerschulisches Engagement auffallen, können sich um Voll- oder Teilzeitstipendien bewerben (Anlaufstellen im Serviceteil Seite 183). Dass hierfür nur Top-Schüler mit ebensolchen Noten in Frage kommen, versteht sich von selbst. Bei Teilzeitstipendien sind die Bedingungen zwar nicht so streng, allerdings sollte auch hier bei einer Bewerbung höchstens eine 0 hinter dem Komma und eine 2 davor stehen. Bessere Chancen hat man auf jeden Fall, wenn vor dem Komma eine 1 steht. Auch die Beantragung von Auslands-BAföG kann die Belastung für die Eltern reduzieren. Der Antrag dafür muss allerdings mindestens ein halbes Jahr vor dem Auslandsaufenthalt gestellt werden – möglichst sogar noch früher. Außerdem müssen die Eltern die finanziellen Verhältnisse offen legen.

Mit dem eigenen Ersparten kann kaum ein Schüler einen längeren Auslandsaufenthalt finanzieren. Spezielle Stipendien bieten finanzielle Unterstützung an.

Von Au-pair bis Work & Travel: Auswandern auf Zeit

b einem Noten-Durchschnitt von ,7 gibt es zwar kein Stipendium mehr, dennoch muss man nicht gleich alle Hoffnungen auf einen Auslandsaufenthalt aufgeben. Es gibt auch private Anbieter, die sich auf den langfristigen Schüleraustausch spezialisiert haben. Das Sekretariat der Schule kann sicher mit Adressen weiterhelfen. Im Gegensatz zu den Stipendiaten müssen die Eltern allerdings in diesem Fall alles selbst finanzieren.

Grundsätzlich kann man als Elternteil die Kinder bei der Entscheidung, für einige Zeit ins Ausland zu gehen, nur unterstützen. Sie zeugt von Interesse, Motivation, einer gehörigen Portion Abenteuerlust und Selbstvertrauen. Für den beruflichen Werdegang ist ein Auslandsaufenthalt während der Ausbildung ebenfalls von Vorteil, denn natürlich schätzen auch die Arbeitgeber die gerade aufgezählten Qualitäten. Trotz der Lage auf dem Arbeitsmarkt ist es unvermindert schwierig, gute und motivierte Arbeitnehmer zu finden. Jeder Personalchef reibt sich die Hände, wenn jemand vor ihm sitzt, der schon als Jugendlicher Unannehmlichkeiten auf sich genommen hat und Risiken eingegangen ist, um seine Ausbildung zu optimieren. Dass Jugendliche daneben auch ein bisschen Spaß und Abenteuer suchen, ist nicht tragisch.

Aneignung von »soft skills«

Für die Schüler lohnt sich ein Jahr im Ausland also auf jeden Fall, auch wenn im Anschluss vielleicht die Klasse noch einmal wiederholt werden muss. Die Anforderungen in anderen Ländern müssen schließlich nicht zwangsläufig unseren Standards entsprechen. Außerdem kann dem Unterricht im

Linda Pracejus
Ecuador

»Die neun Monate in Ecuador waren nicht immer leicht. Teilweise war es wirklich hart, aber es gab auch viele schöne Momente, tolle Erlebnisse und spannende Herausforderungen. Ich habe so viel erlebt, erfahren und gelernt wie noch nie zuvor.«

Nico Schnobl
Akron/Baltimore, USA

»Für eine Zeitlang ins Ausland zu gehen, ist sicher nicht einfach. Aber ich bin der Meinung, dass jeder davon profitiert. Alle guten und genauso auch alle schlechten Erfahrungen, die man macht, bringen einen weiter. Man sieht die Welt einfach erwachsener und mit ganz anderen Augen.«

Gastland trotz guter Fremdsprachenkenntnisse nicht immer bis ins letzte Detail gefolgt werden. Austauschschüler lernen in dem halben oder ganzen Jahr im Ausland sowieso wichtigere Sachen als reines Schulwissen. Sie haben – wie man so schön sagt – ihre »soft skills« verbessert, also Fähigkeiten, die man in weiterem Sinn auch als soziale Kompetenz bezeichnen könnte. Dazu zählen gute Umgangsformen, Disziplin, sprachliche Kompetenz, selbstständiges Handeln, Höflichkeit und Teamfähigkeit. Neben dem reinen Fachwissen tragen soft skills entscheidend dazu bei, ob jemand im Berufsleben Führungsqualitäten entwickelt sowie Mitarbeiter motivieren und leiten kann.

Sorgfältige Vorbereitung

Natürlich kann es trotz eines vorherigen Interessenabgleichs von Bewerber und Gastfamilie vorkommen, dass beide überhaupt nicht harmonieren.

Bei einem einjährigen Aufenthalt ist da sehr problematisch. Daher sollte ma bereits im Vorfeld darauf achten, eine erfahrenen Anbieter auszusuchen, de einen Wechsel der Gastfamilie anbie ten und organisieren kann. Dazu mus der Vermittler auch Mitarbeiter vc Ort haben, mit denen man bei Be darf rasch Kontakt aufnehmen kann Damit der Fall eines Familienwechse die Ausnahme bleibt, sollte möglichs lange im Vorfeld Verbindung mit de Gastfamilie aufgenommen werder zum Beispiel per E-Mail. So kann ma sich schon einmal ein wenig kennenle nen und miteinander warm werden, s dass der Tag der Abreise kein Sprun ins kalte Wasser wird.

Die vermittelnden Austauschorga nisationen helfen mit einer gute Planung, die Sorgen und Ängste de Eltern zu zerstreuen. In spezielle Seminaren bereiten sie die Schüle auf den anstehenden Austausch vo

Von Au-pair bis Work & Travel: Auswandern auf Zeit

abei geht es neben reinen Formaäten auch um praktische Hilfen für ne möglichst reibungslose Integraon in die Abläufe der Gastfamilie. ie können sich – je nach Gastland ziemlich vom gewohnten Alltag in eutschland unterscheiden. Die Freieiten, die Austauschschüler zu Hau- gewohnt sind, können woanders urchaus knapper ausfallen. Hinzu ommt, dass noch unerfahrene Gasttern ihrer verantwortungsvollen ufgabe besonders gut nachkommen ollen und dabei zu übertriebener orsicht neigen können. Um nicht eich vom ersten Tag an mit einem ngen Gesicht durch die Gegend zu ufen, muss man als Austauschschür ein Mindestmaß an Anpassungshigkeit mitbringen und bereit sein, ch auf Menschen mit einer anderen entalität einzustellen.

uch die Gastfamilie muss sich umellen, immerhin lässt sie einen völlig fremden Menschen in ihre intimste Privatsphäre eindringen. Das ist ganz bestimmt nicht jedermanns Sache und verdient Anerkennung sowie ein gewisses Maß an Entgegenkommen. Wenn das beiden Seiten nicht gelingt, kann ein Jahr in der Fremde ganz schön lang werden.

Turbo für die Karriere
Eine ideale Möglichkeit, der beruflichen Karriere den entscheidenden Kick zu geben, bevor sie überhaupt noch richtig begonnen hat, ist ein Auslandssemester an einer anderen Universität. Das sollten Studenten jedoch erst nach dem erfolgreich abgeschlossenen Grundstudium angehen oder als Aufbaustudiengang an das Studium anhängen. Es sei denn, man möchte dem deutschen Numerus Clausus entgehen. In diesem Fall kann es natürlich auch Sinn machen, sich direkt an einer ausländischen Universität zu bewerben.

Vorlesung an der Uni Salzburg: Studieren im Ausland öffnet den Horizont und bringt Vorteile beim Einstieg ins Berufsleben.

In den Unternehmen wird soviel Initiative gern gesehen und kann beim Start ins Berufsleben wichtige Pluspunkte gegenüber den Mitbewerbern bringen. Natürlich ist auch ein solches Vorhaben nicht preiswert. Wird es nicht durch ein Stipendium im Rahmen eines Austauschprogrammes teilfinanziert, kann es schnell eine fünfstellige Eurosumme verschlingen. Solche offiziellen Austauschprogramme stellen jedoch problemlos. Zentraler Bestandteil d⋯ von der Europäischen Union ins L⋯ ben gerufenen Programms ist nebe⋯ der finanziellen Unterstützung vo⋯ Austauschstudenten die vereinfach⋯ Anerkennung von Studienleistunge⋯ mit Hilfe des sogenannten Europ⋯ an Credit Transfer Systems (ECT⋯ Geht man nicht als Erasmus-Stude⋯ ins Ausland, wird meist nur ein T⋯ der erbrachten Leistungsnachwei⋯ in Deutschland anerkannt. Um na⋯

nur wenige Plätze zur Verfügung. Organisiert man selbst einen Aufenthalt an einer Auslandsuniversität bedeutet das nicht, dass man völlig auf sich allein gestellt ist. Auch hier gibt es Vermittlungsstellen, die bereits im Vorfeld bei der richtigen Fächerwahl helfen, damit möglichst viele Prüfungen nach der Rückkehr anerkannt werden können. Bei Erasmus-Stipendien erfolgt das völlig der Rückkehr keine Schwierigkeite⋯ zu bekommen, sollte man sich auf je⋯ den Fall bereits in der Planungspha⋯ mit dem Prüfungsamt in Verbindu⋯ setzen. Auch die Fachschaft kann b⋯ wichtigen Fragen weiterhelfen. F⋯ Studenten, die auf eigene Faust ⋯ die Fremde ziehen, gibt es ebenfa⋯ Möglichkeiten der finanziellen Unt⋯ stützung. Es lohnt sich, möglichst vi⋯ Rat einzuholen. Eine gute Informat⋯

Von Au-pair bis Work & Travel: Auswandern auf Zeit

...squelle sind auch Kommilitonen, ...e bereits im Ausland studiert haben ...d die Studenten der Fachschaft des ...treffenden Studiengangs.

...e Zahl deutscher Studenten im ...sland ist in den letzten zehn Jahren ...runghaft angestiegen. Gut ein Viertel ...r Studenten nutzt bereits die Chan-..., für ein oder zwei Semester an eine ...sländische Universität zu gehen. Die ...eisten bleiben in Westeuropa. Das ... preiswerter, und an vielen Universi-...en werden Unterrichtsinhalte auch ... deutscher oder englischer Sprache ...geboten. Einen Spitzenplatz unter ...n studentischen Wunschzielen hal-...n auch die USA, obwohl der Aufent-...lt an einer amerikanischen Universi-...t aufgrund der Studiengebühren mit ...hen Kosten verbunden ist.

...ipendienprogramme

...udenten, die den Auslandsauf-...nthalt nicht komplett aus eigener ...sche finanzieren können, sollten ...h beim Europäischen Förderpro-...amm Sokrates/Erasmus bewerben. ...er angenommen wird, braucht ...h um die Studiengebühren keine ...edanken mehr zu machen, da sie ...eitgehend wegfallen. Außerdem ...halten die Studenten noch einen ...onatlichen Zuschuss, der bis zu ...50 Euro betragen kann. Wer auf ...gene Faust zum Beispiel an eine ...anische Universität wechselt, muss ...ein mit Studiengebühren von bis ... 720 Euro im Jahr rechnen. In den ...iederlanden wird mit 1538 Euro ... Jahr mehr als doppelt soviel ver-...ngt. Das EU-Förderprogramm gibt ... allerdings nur für einen Austausch innerhalb Europas. Wer hingegen in die USA will, aber kein Stipendium bekommt, sollte Auslands-BAFöG beantragen. Für einen USA-Aufenthalt erhalten Studenten rund 120 Euro im Monat. Dies ist natürlich nur eine kleine Unterstützung, vor allem angesichts der Studiengebühren in den USA, die je nach Universität zwischen 6000 und 15 000 Euro pro Jahr liegen. Dazu kommen noch die Kosten für Unterkunft und Verpflegung. Wer in die USA möchte, sollte sich frühzeitig an seiner Universität erkundigen, ob im Rahmen bilateraler Verträge mit der Gast-Uni Teilstipendien für universitäre Austauschprogramme angeboten werden. Auch Bildungskredite des Bundes oder Campusarbeit in den USA können helfen, den Finanzbedarf zu decken. Einen Überblick über die vielfältigen Stipendien- und Förderprogramme liefert die Datenbank des Deutschen Akademischen Austauschdienstes (DAAD, siehe Serviceteil Seite 183).

Auf und davon — mein Auslandstagebuch

Janin Scharrenberg
Neuseeland

»Genießt jeden einzelnen Tag, den Ihr in Eurer neuen Heimat haben werdet! Es ist eine wunderbare Zeit, die leider viel zu schnell vergeht.«

Erfahrungen sammeln im Rahmen eines Auslandspraktikums

Zunehmender Beliebtheit erfreuen sich Auslandspraktika, obwohl sie einen Nachteil aufweisen: Da Praktika in vielen Ländern keinen so hohen Stellenwert haben wie in Deutschland, darf man kaum auf Bezahlung hoffen. Dennoch kann sich auch ein Auslandspraktikum langfristig bezahlt machen, zumal es in einigen Prüfungsordnungen für Studenten sogar vorgeschrieben ist. Es bietet wie ein Studentenaustausch die Möglichkeit, Land, Leute und Sprache des Gastlandes besser kennenzulernen. Ein Auslandspraktikum nimmt nicht soviel Zeit in Anspruch und vermittelt trotzdem einen Eindruck vom realen Arbeitsleben vor Ort. Mit ein wenig Glück kann man sogar in den Genuss eines Auslands-BAFöGs kommen. Dazu muss das Praktikum allerdings mindestens zwölf Wochen dauern und laut Studienordnung vorgeschrieben sein.

Au-pair: Mit geringen Kosten andere Kulturen kennenlernen

Wen es als Au-pair ins Ausland zieht, kommt in den Genuss zahlreicher Vorteile und Annehmlichkeiten, die diese Art des Auslandsaufenthalts mit sich bringt. Der französische Begriff Au-pair bedeutet »auf Gegenseitigkeit«. Dafür, dass man zeitweise kostenlos bei einer Familie im Ausland aufgenommen wird und ein kleines Taschengeld erhält, erwartet die Gastfamilie im Gegenzug die Mithilfe im Haushalt und bei der Kinderbetreuung. Das bedeutet nicht, dass ein Au-pair rund um die Uhr in der Gastfamilie schuften muss. Der Leistungsumfa[ng] wird vertraglich festgelegt und übe[r]fordert wohl niemanden. Zulässig si[nd] ohnehin nur leichte Tätigkeiten bei d[er] Haushaltsarbeit. So bleibt ausreiche[nd] Zeit, sich mit der Sprache und der K[ul]tur des Gastlandes zu befassen un[d] mit zahlreichen neuen Eindrücken [in] die Heimat zurückzukehren. Damit d[as] Abenteuer Au-pair ein Leben lang [in] guter Erinnerung bleibt, sollte der Ko[n]takt zur Gastfamilie über eine erfahre[ne] Agentur hergestellt werden, die neb[en] einer großen Auswahl an Gastelte[rn] auch Mitarbeiter vor Ort hat.

Work & Travel

Ideal für junge Menschen zwische[n] 18 und 30, denen der Sinn nach Reise[n] steht, sind Work & Travel-Programm[e]. Dabei ist man nicht auf einen Ort [fi]xiert, sondern kann das komplet[te] Gastland bereisen und durch kur[ze] Arbeitsverhältnisse (jobhopping) d[ie] Reisekasse immer wieder auffüllen. Um im Ausland

Au-pair-Mädchen bei der Kinderbetreuung: Diese Form des Auslandsaufenthalts ermöglicht auch jungen Menschen mit kleinem Budget, einen anderen Sprach- und Kulturraum zu entdecken.

Von Au-pair bis Work & Travel: Auswandern auf Zeit

Jenny Lemke
Paraguay

»Ich habe gelernt, dass das Leben viel zu kurz ist, um Sachen immer wieder aufzuschieben. Ich würde Jedem empfehlen, die Chance eines Auslandsaufenthalts zu nutzen, denn es wird die Zeit Eures Lebens werden!«

beiten zu können, benötigt man ein ezielles Visum, das für zwölf Mote gültig und kostenpflichtig ist. Die eisten Work & Travel-Veranstalter eten für die Zeit des Auslandsaufthaltes günstige Versicherungspate mit Kranken-, Haftpflicht-, und nfallversicherung an. Work & Travel möglicht es, viele neue Jobs auszuobieren und die Reiseplanung selbst stzulegen.

Ilfsprojekte im Ausland

ne gute Möglichkeit, sich während nes Auslandsaufenthaltes selbst einbringen und einen aktiven Beitrag m Leben im Gastland beizutragen, etet das Freiwillige Soziale Jahr (FSJ), s sich an junge Menschen zwischen und 27 Jahren richtet. Die Mitarbeit Hilfsprojekten ist zwar nicht immer nz leicht, dafür ist sie eine gute Möghkeit, die eigene Persönlichkeit in der emeinschaft mit Gleichgesinnten weirzuentwickeln. Das FSJ dauert zwi-

schen sechs und 18 Monaten. In dieser Zeit ist für Unterkunft, Verpflegung und beitragsfreien Versicherungsschutz gesorgt. Dazu gibt es ein Taschengeld. Abgeleistet wird das FSJ in der Wohlfahrtspflege, der Kinder- und Jugendhilfe, der Gesundheitspflege oder bei kulturellen Einrichtungen.

Befristete Auslandsaufenthalte

- Begabte Schüler können sich um Stipendien für einen Schüleraustausch bewerben.
- Wer für ein Jahr in einer Gastfamilie leben möchte, sollte nicht nur abenteuerlustig, sondern auch anpassungsfähig sein.
- Ein Auslandssemester verbessert für Studenten die Chancen auf dem Arbeitsmarkt.
- Ein Auslandspraktikum bietet die Möglichkeit zur persönlichen und beruflichen Orientierung.
- Als Au-Pair lassen sich mit wenig Aufwand andere Kulturen und Lebensgewohnheiten kennenlernen.
- Wer einen Freiwilligendienst leisten möchte, kann sich auch bei internationalen Projekten einbringen.

Nützliche Adressen und Links

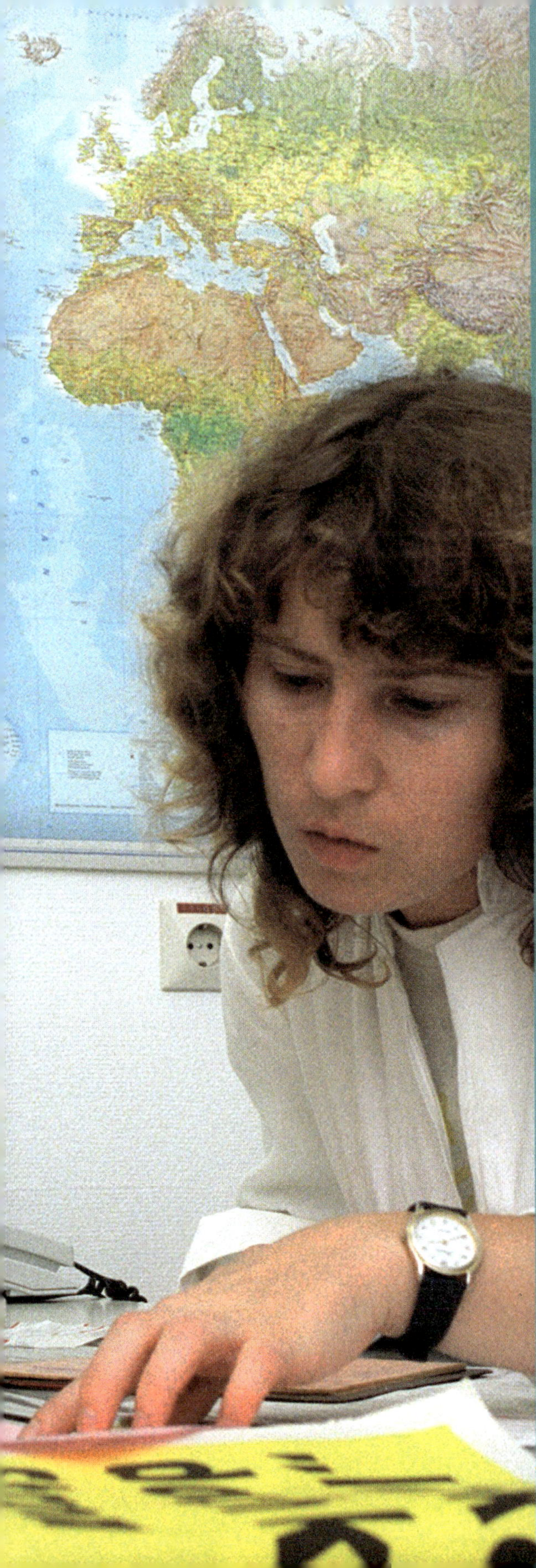

Die folgenden Internetlinks und Adressen halten umfangreiche Informationen für Auswanderwillige parat. Die angegebenen Organisationen und Ämter bieten außerdem eine sachkundige Beratung an.

Vorhergehende Doppelseite: Lassen Sie sich bei den zuständigen Behörden ausführlich beraten (großes Bild); erstellen Sie eine Liste mit allen notwendigen Vorbereitungsschritten (kleines Bild oben); Botschaft der Schweiz in London (kleines Bild unten).

Beratungsstellen in Deutschland

www.bva.bund.de
Auf der Homepage des Bundesverwaltungsamtes finden Sie zahlreiche weiterführende Links für Auswanderer.

www.auswaertiges-amt.de
Die Homepage des Auswärtigen Amts liefert wichtige Basisinformationen über mögliche Zielländer.

www.bund.de
Das Internetportal des Bundes enthält unter anderem Informationen über das Arbeiten und das Studieren in anderen EU-Mitgliedsstaaten. Es umfasst länderspezifische Informationen für Bürger und Unternehmen.

www.konsularinfo.diplo.de
Die Serviceseite des Auswärtigen Amtes für Deutsche im Ausland informiert über Leben und Arbeiten im Ausland sowie über rechtliche Angelegenheite

www.raphaels-werk.de
Der gemeinnützige Verein bietet eine umfangreiche Beratung für all jene, die ihren Wohnsitz dauerhaft oder vorübergehend ins Ausland verlegen. Eine kompetente Beratung finden hier auch Auswanderer, die wieder nach Deutschland zurückkehren wollen.

www.drk.de
Über das Deutsche Rote Kreuz erhalten Auswanderwillige Informationen über den notwendigen Impfschutz im Zielland.

www.kath.de/kasdbk/index_gross.htm
Das Katholische Auslandssekretariat der Deutschen Bischofskonferenz liefert vom Newsletter bis zur Liturgievorlage reichhaltige Informationen für Katholiken im Ausland. Über die Homepage lassen sich auch deutschsprachige Gottesdienste im Ausland finden.

www.ev-auslandsberatung.de
Die Evangelische Auslandsberatung e.V. bietet unter anderem aktuelle Informationen zu den Einwanderungs- und Aufenthaltsbestimmungen im Zielland, zu den Lebenshaltungskosten und der Arbeitsmarktlage, zum Rechtswesen, zu Steuerabkommen, zu Versicherungen und Arbeitsverträgen sowie zur Rente.

Nützliche Adressen und Links

ww.bmfsfj.de
s Bundesministerium für Familie, Senioren, Frauen und Jugend ist eine
laufstelle für auswanderungswillige Familien. Es informiert daneben unter
derem auch über internationale Jugendaustauschprogramme.

ww.arbeitsagentur.de
e Bundesagentur für Arbeit bietet auch Stellenangebote im Ausland.

ww.europaserviceba.de
ernetangebot der Zentralstelle für Arbeitsvermittlung zum Thema
peiten in Europa

ww.informationszentrum-europa.de
s Netzwerk bietet Informationen über Politik, Wirtschaft und Kultur der
-Mitgliedsstaaten und der Beitrittsländer.

ww.dah-bremerhaven.de
er das deutsche Auswandererhaus Bremerhaven erfahren Sie Wissens-
rtes rund ums Thema Auswandern – auch aus historischer Sicht.

ww.greencard.de
utschsprachiges Portal über den Erwerb einer Green Card, einer
pefristeten Aufenthalts- und Arbeitsgenehmigung, für die USA

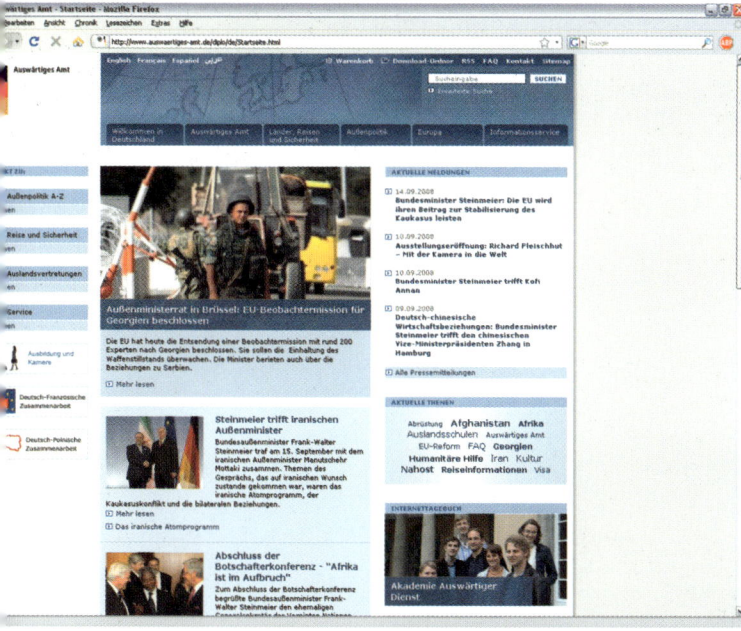

Screenshot der Homepage des Auswärtigen Amtes

Beratungsstellen in der Schweiz

www.swissemigration.ch
Informationen für Schweizer Bürger über Leben und Arbeiten im Ausland

www.aso.ch
Die Organisation der Auslandsschweizer gilt als Sprachrohr der sogenannte Fünften Schweiz. So werden die Auslandsschweizer gern bezeichnet. Auf de Homepage finden sich zahlreiche Beratungsmöglichkeiten.

Österreichisches Restaurant in Leavenworth (US-Bundesstaat Washington), das Spezialitäten aus dem Alpenraum anbietet

Nützliche Adressen und Links

www.revue.ch
Umfangreiches Internetangebot der Zeitschrift für Auslandsschweizer

www.5eme.ch
Forum für Auslandsschweizer, die hier ihre Erfahrungen austauschen können

www.eda.admin.ch/eda/de/home.html
Auf der Homepage des Eidgenössischen Departements für auswärtige Angelegenheiten finden sich zahlreiche Informationen über Zielländer und Auslandsvertretungen.

www.treffpunkt-arbeit.ch
Aktueller Überblick über die Lage auf dem Schweizer Arbeitsmarkt mit zahlreichen Suchmöglichkeiten

Beratungsstellen in Österreich

www.bmeia.gv.at
Der Bürgerservice des Außenministeriums liefert wichtige Hinweise zu Auslandsaufenthalten und konsularischen Hilfen im Ausland.

www.ams.at
Homepage des Arbeitsmarktservice Österreich

www.reisemed.at
Hier finden Sie gut zusammengestellte Informationen zu empfohlenen Schutzimpfungen und gesundheitlichen Vorbeugemaßnahmen in den Zielländern.

www.auslandsoesterreicher.at
Das Informationsportal für Österreicher im Ausland bietet u. a. die AÖ-Karte, die alle im Krisenfall wichtigen Internetadressen und konsularischen Telefonnummern umfasst.

www.aoe-ratgeber.at
Online-Hilfe zu wichtigen Fragen für Österreicher im Ausland; hilfreiche Informationen gibt es auch für Rückkehrer.

www.weltbund.at
Der Dachverband will den Zusammenhalt aller im Ausland lebenden Österreicher stärken und gemeinsame Interessen wahrnehmen.

Internationale Anlaufstellen

www.dvlottery.state.gov
Auf der offiziellen Homepage der Green Card Lottery finden Sie die Teilnahmeanträge sowie Informationen über das Prozedere der Lotterie.

www.cic.gc.ca
Die Homepage des kanadischen Ministeriums für Staatsbürgerschaft und Immigration bietet gut strukturierte Informationen über Einwanderungsbestimmungen in englischer und französischer Sprache.

www.goingtocanada.gc.ca
Umfangreiches Internetangebot für ausländische Arbeitnehmer und Einwanderer in Kanada

www.immi.gov.au
Homepage des australischen Einwanderungsministeriums
(Australian Department of Immigration and Multicultural Affairs)

www.immigration.govt.nz
Serviceangebot für Einwanderer in Neuseeland

www.samigration.com
Umfangreiche Informationen über die Einreisebedingungen und arbeitsrechtlichen Bestimmungen in Südafrika

www.ch.ch
Informationen über die Einreise- und Aufenthaltsbestimmungen in der Schweiz

www.calisma.gov.tr
Homepage des türkischen Arbeits- und Sozialministeriums

www.immigration.go.th
Die Homepage der thailändischen Einwanderungsbehörde liefert viele Informationen auch in englischer Sprache.

www.migracion.gov.do
Informationen zur Einwanderung in die Dominikanische Republik

www.immigration.gov.mv
Englischsprachige Seite des Einwanderungsministeriums der Malediven

Nützliche Adressen und Links

www.government.ae/gov/en/res/index.jsp
Englischsprachige Informationen über Einreisebestimmungen in Dubai

www.costaricalaw.com
Informationen zur Einwanderung nach Costa Rica

www.argentina.gov.ar
Informationen zur Einwanderung nach Argentinien und zu arbeitsrechtlichen Bestimmungen des Landes; teilweise auch in englischer Sprache

Beratungsstellen in der EU

www.eures.europa.eu
Das europäische Portal zur beruflichen Mobilität enthält neben einer Datenbank mit offenen Stellen auch zahlreiche Informationen zum Leben und Arbeiten in den europäischen Ländern.

www.ec.europa.eu/employment_social/free_movement/index_de.htm
Homepage der Europäischen Kommission über die Freizügigkeit von Arbeitnehmern in Europa

www.ec.europa.eu/employment_social/social_protection/missoc_de.htm
Homepage von MISSOC, dem gegenseitigen Informationssystem zur sozialen Sicherheit in den Mitgliedsstaaten der EU und des EWR

www.cordis.europa.eu
Informationsdienst der EU
über amtliche Veröffentlichungen zu Forschungs- und Entwicklungsmaßnahmen in Europa

www.epp.eurostat.cec.eu.int
Internetangebot des statistischen Amtes der EU

Die Flaggen der 25 EU-Mitgliedsländer vor dem Europaparlament in Straßburg

Au-pair-Beratung

www.guetegemeinschaft-aupair.de
Die Seite liefert Informationen zu Qualitätsstandards im Au-pair-Sektor.

www.aupair-invia.de
IN VIA ist der Zusammenschluss der katholischen Au-pair Beratungsstellen in Deutschland. Die Organisation vermittelt Au-pair-Aufenthalte in Europa.

www.au-pair-vij.org
Der Verein für internationale Jugendarbeit organisiert Au-pair-Programme.

www.iapa.org
Homepage der International Au Pair Association, der in Dänemark ansässige internationalen Anlaufstelle für Au-pair-Interessierte

Ein Au-pair-Mädchen spielt mit einem kleinen Jungen.

Befristete Auslandsaufenthalte

www.afs.de
AFS ist eine der ältesten Jugendaustauschorganisationen. Angeboten werden Schüleraustausch, Gastfamilienprogramme und Freiwilligendienste.

www.partnership.de
Organisation von internationalen Austausch- und Begegnungsprogrammen

www.international.jugendnetz.de
Informationen und weiterführende Links zu den Themen Auslandsaufenthalt, Ferienjobbörsen, internationale E-Mail- und Brieffreundschaften, Schulpartnerschaften, Au-pair, Freiwilligendienste, Work and Travel, interkulturelles Lernen

www.bmbf.de
Die Seite des Bundesministeriums für Bildung und Forschung hilft Schülern und Studenten, die ihre Ausbildung durch einen Auslandsaufenthalt bereichern möchten; unter anderem gibt es Information zum Erasmus-Programm.

www.bundestag.de/internat/internat_austausch/ppp/index.html
Informationen zum Parlamentarischen Patenschafts-Programm, einem Jugendaustauschprogramm zwischen dem Deutschen Bundestag und dem US-Kongress

Nützliche Adressen und Links

www.eu.daad.de
Informationsseite über das Erasmus-Programm

www.daad.de
Die Seite des Deutschen Akademischen Austauschdienstes bietet Informationen und Fördermöglichkeiten für ein Auslandsstudium.

www.academics.de
Internationale Jobbörse für Akademiker

www.studienstiftung.de
Homepage der Studienstiftung des deutschen Volkes

www.kaad.de
Der Katholische Akademische Ausländer-Dienst ist das Stipendienwerk der deutschen katholischen Kirche.

www.stipendiensuche.de
Umfangreicher Suchdienst für Stipendien

www.auslandspraktikum-weltweit.de
Vermittlung von Auslandspraktika vor allem in englischsprachige Länder

www.cdc.de
Die Carl Duisberg Centren bieten unter anderem Auslandspraktika an.

www.stepin.de
Step in organisiert Work and Travel-Programme, Auslandspraktika und Schüleraustauschprogramme.

www.auslandsjob.de
Hilfreiche Informationen rund um Work and Travel und Working Holidays

www.soziales-jahr-ausland.de
Informationen über ein Freiwilliges Soziales Jahr im Ausland

www.projects-abroad.de
Anlaufstelle für Freiwilligenarbeit und Praktika in zahlreichen Ländern

www.asa-programm.de
Das Programm für Arbeits- und Studien-Aufenthalte organisiert entwicklungspolitische Auslandspraktika.

Botschaften der beliebtesten Auswanderungsziele in Deutschland

Argentinien
Kleiststraße 23–26
10787 Berlin
Tel.: 030-2266890
www.argentinische-botschaft.de

Australien
Wallstraße 76–79
10179 Berlin
Tel.: 030-880088-0
www.germany.embassy.gov.au

Costa Rica
Dessauer Str. 28/29
10963 Berlin
Tel.: 030-26398990
www.botschaft-costarica.de

Dominikanische Republik
Dessauer Str. 28/29
10963 Berlin
Tel.: 030-2575776-0
www.embajadadominicana.de

Dubai
(Vereinigte Arabische Emirate)
Hiroshimastr. 18–20
10785 Berlin
Tel.: 030-516516
www.uae-embassy.de

Frankreich
Pariser Platz 5
10117 Berlin
Tel.: 030-590039000
www.botschaft-frankreich.de

Kanada
Leipziger Platz 17
10117 Berlin
Tel.: 030-203120
www.kanada-info.de

Malediven
(Honorarkonsulat)
Immanuel-Kant-Str. 16
61350 Bad Homburg
Tel.: 06172-86293

Neuseeland
Friedrichstr. 60
10117 Berlin
Tel.: 030-206210
www.nzembassy.com/germany

Niederlande
Klosterstr. 50
10179 Berlin
Tel.: 030-209560
www.niederlandeweb.de

Österreich
Stauffenbergstr. 1
10785 Berlin
Tel.: 030-202870
www.oesterreichische-botschaft.de

Polen
Lassenstr. 19–21
14193 Berlin
Tel.: 030-223130
www.berlin.polemb.net

Nützliche Adressen und Links

Schweden
Rauchstr. 1
10787 Berlin
Tel.: 030-505060
www.schweden.org

Schweiz
Otto-von-Bismarck-Allee 4A
10557 Berlin
Tel.: 030-3904000
www.eda.admin.ch

Spanien
Lichtensteinallee 1
10787 Berlin
Tel.: 030-2540070
www.spanischebotschaft.de

Südafrika
Tiergartenstr. 18
10785 Berlin
Tel.: 030-220730
www.suedafrika.org

Thailand
Lepsiusstr. 64–66
12163 Berlin
Tel.: 030-794810
www.thaiembassy.de

Türkei
Rungestr. 9
10179 Berlin
Tel.: 030-275850
www.tuerkischebotschaft.de

Vereinigtes Königreich Großbritannien und Nordirland
Wilhelmstr. 70
10117 Berlin
Tel.: 030-204570
www.britischebotschaft.de

Vereinigte Staaten von Amerika
Pariser Platz 2
10117 Berlin
Tel.: 030-2385174
www.usembassy.de

Botschaften der Bundesrepublik Deutschland in den Zielländern

Argentinien
Deutsche Botschaft
Calle Villanueva 1055
1426BMC Buenos Aires
Tel.: (005411) 47782500
www.buenos-aires.diplo.de

Australien
Deutsche Botschaft
119 Empire Circuit
Yarralumla, A.C.T. 2600
Tel.: (00612) 62701911
www.germanembassy.org.au

Costa Rica
Deutsche Botschaft
Apartado 4017–1000
San José
Tel.: (00506) 2909091
www.san-jose.diplo.de

Dominikanische Republik
Deutsche Botschaft
Apartado 1235
Santo Domingo
Tel.: (001809) 5428994
www.santo-domingo.diplo.de

Dubai
(Vereinigte Arabische Emirate)
Deutsche Botschaft
The Towers of the Trade Center
West Tower, 14th Floor
Abu Dhabi Mall
Abu Dhabi
Tel.: (009712) 6446693
www.abu-dhabi.diplo.de

Frankreich
Deutsche Botschaft
13/15 Avenue Franklin D. Roosevelt
75008 Paris
Tel.: (00331) 53834500
www.paris.diplo.de

Kanada
Deutsche Botschaft
1 Waverley Street
Ottawa, Ontario K2P OT8
Tel.: (001613) 2321101
www.ottawa.diplo.de

Malediven
Deutsche Botschaft
Colombo 40 Alfred House Avenue
Colombo 3
Tel.: (0094 11) 2580431
www.colombo.diplo.de

Neuseeland
Deutsche Botschaft
90–92 Hobson Street
Thorndon
6011 Wellington
Tel.: (0064 4) 4736063
www.wellington.diplo.de

Niederlande
Deutsche Botschaft
Groot Hertoginnelaan 18–20
2517 EG Den Haag
Tel.: (003170) 3420600
www.den-haag.diplo.de

Österreich
Deutsche Botschaft
Metternichgasse 3
1030 Wien
Tel.: (00431) 711540
www.wien.diplo.de

Polen
Deutsche Botschaft
Ul. Jazdow 12
00-467 Warschau
Tel.: (004822) 5841700
www.warschau.diplo.de

Schweden
Deutsche Botschaft
Artillerigatan 64
11445 Stockholm
Tel.: (00468) 6701500
www.stockholm.diplo.de

Schweiz
Deutsche Botschaft
Willadingweg 83
3006 Bern
Tel.: (004131) 3594111
www.bern.diplo.de

Spanien
Deutsche Botschaft
Calle de Fortuny 8
28010 Madrid
Tel.: (0034) 915579000
www.madrid.diplo.de

Nützliche Adressen und Links

Südafrika
Deutsche Botschaft
180 Blackwood Street
Arcadia, Pretoria 0083
Tel.: (002712) 4278900
www.pretoria.diplo.de

Thailand
Deutsche Botschaft
9 South Sathorn Road
Bangkok 10120
Tel.: (00662) 2879000
www.bangkok.diplo.de

Türkei
Deutsche Botschaft
114 Atatürk Bulvari
Kavaklidere, 06540 Ankara
Tel.: (0090312) 4555100
www.ankara.diplo.de

Vereinigtes Königreich
Deutsche Botschaft
23 Belgrave Square
London, SW1X 8PZ
Tel.: (004420) 78241300
www.london.diplo.de

Vereinigte Staaten von Amerika
Deutsche Botschaft
4645 Reservoir Road
N.W. Washington, D.C.
Tel.: (001202) 2984000
www.washington.diplo.de

Reisepass der Bundesrepublik Deutschland

Register

Die in normaler Schrift gedruckten Ziffern (36) verweisen auf Seiten, auf denen der entsprechende Begriff oder die Person erwähnt wird. Kursiv gedruckte Ziffern (*149*) verweisen auf Abbildungen. Halbfett gedruckte Ziffern (**62**) verweisen auf Länderporträts sowie auf Themen, die ausführlich behandelt werden.

A

Abschied von der alten Heimat 138, 141, 142
Alaska 43
Alberta 62
Alkmaar *69*
Alltag im Gastland 141, 143
Alpen 49
Ältere Auswanderer 34, 35, **156–161**
Altersarmut 159
Altersvorsorge 54
Amish-Brüder 15, *16*, 36
Amsterdam 70, 71, *71*
Ankara 68
Arbeitserlaubnis 115 ff.
Arbeitslosigkeit 41, 45, 47, 49, 50, 69, 73, 92, 107, 113, 118
Arbeitsmarkt 41, 45, 47 ff., 53, 56, 60, 62, 67, 69, 73, 81, 84, 92, 97, 100, 103, 104, 107
Arbeitssuche 146, 147, *149*
Arbeitsvertrag 46, 66, 115, 117
Argentinien **106–109**, 120, 121
Ärzte *23*, *33*, 121, 131
Auckland 86, *86*
Aufenthaltserlaubnis 114, 115, 116, 117, 119 ff.
Au-pair 172, *172*
Auslandspraktikum 172
Auslandsstudium 169 ff.
Australien 17, **72–76**, 117, 157
Auswanderer-Typus 24, 30–33
Auswanderungsmotive 20–24, 27
Ayers Rock 72, *73*, 75

B

BAFöG 171, 172
Balearen 56, 58
Bangkok 78, *78*, 79
Barcelona 56, 57, *136*, *137*
Beerdigung 161
Befristete Auslandsaufenthalte **164–173**
Bern 42
Berufliche Integration 150 ff.
Berufsqualifikation 26, 27, 121
Bewerbung 53, 60, 62, 70, 112, 127, 147, *149*, 157
»Big Ben« *53*
Bildung 30, 121
Bosporus *66*, 67
British Columbia 62
Buenos Aires 107, *107*, 108

C

Costa Rica **102–105**, 120

D

Deutsche Schulen 132
Deutschland 13, 14, 16, 17, 20, 27, 34
Dienstleistungssektor 41, 47, 52, 53
Dominikanische Republik **88–91**, 118
Dubai **98–101**, 119, 120, 125
Durchhaltevermögen 32
Durchschnittseinkommen 41, 47, 51, 125

E

Eingewöhnung 133, 138, 139, 143, 144, 146–149, 152, 153
Einreisebestimmungen 74, **114–120**

Register

...wanderungsland 13, 14, 44, 65, 87,
...6, 115
...is Island 8, 9, 45
...asmus (Stipendium) 170, 171
...U-Heimtierausweis 114
...ropäische Union 112, 113
...ropean Credit Transfer System (ECTS)
...0

...charbeiter 47, 115, 121
...nanzen **124–126**, 159, 166
...nanzkrise 45
...ankreich **59–62**
...eiwilliges Soziales Jahr 173
...eizügigkeitsregelungen 112, 114

G

...astfamilie 168, 169, 172
...eisteswissenschaftler 53
...enf 42
...German Belt« 15
...eschichte der Auswanderung **10–17**,
...5, 30, 36, 37
...esundheitssystem 22, 57, 63, 77, 103,
...04
...ötaland 83, 84
...rand Canyon 43
...reat Barrier Reef 75
...reen Card 116
...roßbritannien **53–55**
...uggenheim-Museum (Bilbao) 58

H

...andwerker 70, 73, 82, 121,
...21
...austiere 113, 114
...awaii 43
...eimweh 144 f., 152, 164
...ilfsprojekte im Ausland 173

I

Impfungen 114, 115, 117, 119, 120, 121
Informatiker 30, 84, 107
Ingenieure 47, 49, 56, 70
Integration 133, 152, 153
Internationale Schulen 133
Internet 25
Irland 13
Istanbul 66
»Ius emigrandi« 12

K

Kanada **62–65**, 116, 117, 157
Kapstadt 92, 93
Kinder 138, 139
Kolumbus, Christoph 88, 102
Konzerne 48
Krankenschwestern 33, 92, 121
Krankenversicherung 113, 115, 134, 160
Kriminalität 64, 95

L

Landwirtschaft 52, 88, 109
Lappland 82
Lebensbescheinigung 159
Lebenshaltungskosten 41, 55, 107, 118, 125, 126
London 53 ff., 55
Los Angeles 45

M

Madrid 56, 57, 58
Male 97, 98
Malediven **96–98**, 119
Mallorca 56 ff., 156
Maori 87, 87
»Medicare« 63
Medizinisches Personal 23, 33, 67, 69, 70, 81, 82, 92, 118, 121

Mennoniten 15, 36
Mentalitätsunterschiede 147 ff.
Midsommar 80, *81*
Mieten 41, 55, 61, 100, 125, 126
Mobilität 23
Montreal 63
Muttersprachler 128

N

Neandertaler 11
Neuseeland **84–87**, 117, 118, 157
New York *44*, 45
Niederlande **69–71**
Norrland 83, 84

O

Österreich **47–49**, 158
Österreichische Auswanderer 37
Ottawa 63

P

Pampa 108, 109
Paris *59*, 61, 126
Patientenverfügung 161
Pflege 160
Pflegeversicherung 67, 160
Polen **50–53**, 114
Prater *47*
Princeton (Universität) 36
Private Krankenversicherung 42, 46, 53, 60, 70, 73, 77, 78, 86, 93, 113
Provence *60*

Q

Québec (Provinz) 65
Québec (Stadt) *62*

R

Religiöse Verfolgungen 11, 12
Religiosität 148
Rente 35, 157 ff.
Rentenversicherung 158 f.
Risikobereitschaft 33
Rückkehr 134 f.
Ruhestand 35, 158

S

Saisongeschäft 47, 49, 56, 77
San José 103, *103*
Schulauswahl 131 ff.
Schulsystem 46, 47, 49, 52, 53, 54, 59, 61, 69, 70, 78, 86, 91, 101, 108
Schüleraustausch **164–169**
Schweden **80–84**
Schweiz **40–43**, 115, 126, 158
Schweizer Auswanderer 33
Selbstständige 34, 144
Skandinavien 158
»Soft skills« 168
Sozialleistungen 21
Sozialversicherung 46, 48, 51, 53, 54, 57, 60, 62, 67, 70, 73, 77, 81, 85, 91, 92, 100, 104, 108, 160
Spanien **56–59**, 125, 158
Sportvereine 153
Spracherwerb 127 ff., 139, 168
Steuern 51, 60, 101, 104
Stipendien 166 ff.
Stockholm 81, *83*
Studiengebühren 171
Südafrika **91–95**, 118, 119
Svealand 83, 84
Sydney 74, *75*

T

Tafelberg *92*, 93
Tango *107*
Tapas *151*
Techniker 47, 62, 70, 107

hailand **76–79**, 117
oronto 63, 64
ourismus 47, 56, 97, 100, 104
ownships 92, *94*
ürkei **66–69**, 115

U

SA 14, 15, 16, 21, 34, **43–47**, 115, 116,
*1

V

ereinigte Arabische Emirate (VAE)
3–101, 119, 120, 125

W

Warschau 52, *52*
Wien 48
Work and Travel 172, 173
Working-Holiday-Visum 85, 117

Z

Zürich 42

Abbildungsnachweis

akg-images, Berlin: 11/Visioars, 12, 15 o., 24; *alamy, Abingdon*: 95/Eric Nathan, 155 u./ACE STOCK LIMITED, 163 o./Lou Linwei, 175 u./Keith Erskine, 178/Robert Fried; *bigstockphoto.com*: 8/9/Donald Swartz, 43/Stefan Rasch, 49/Gustavo Fadel, 66/Mehmet Timur Dilsiz, 68/Svetlana Tikhonova, 96/Dennis Sabo; *Corbis GmbH, Düsseldorf*: 36/Bettmann; *Corbis-Bettmann, New York*: 14; *dpa Picture-Alliance GmbH, Frankfurt*: 16/Matthew Cavanaugh, 19 o./Daniel Karmann, 37/Specker, 94 o./ Karlheinz Schindler, 141 u./Daniel Dal Zennaro, 174/Jens Kalaene, 181/Rolf Haid; *fotolia.com*: 21 o./Torsten Schon, 100/Emily, 121/Greg Pickens, 122/123/fux, 160/ Lisa F. Young; *IFA-Bilderteam GmbH, Ottobrunn*: 29 o./Int. Stock, 39 u./David Noble, 39 o./Franz Aberham, 47/Picture finders, 54/Harris, 55/Franz Aberham, 58 u./ AGE, 58 o./Simon Harris, 69/Marc, 76 o./Martin Rügner, 82/Jan Peter Lahall, 87 r./Jon Arnold Images, 102/Herzog, 103/Herzog, 150o./Heinz Koch; *istockphoto.com* 18/19/brytta, 48/David Joyner, 87 l./Martin Maun, 105/Patrick Roherty, 149 o./ Kotay Ortakcioglu, 151/Floortje, 172/Donna Coleman, 182/Viktor Kitaykin; *Mauritius Mittenwald*: 29 u./AGE, 52/peter Widmann, 56/Vidler, 83/AGE, 97/Josef Beck, 108 o./George Haling, 123 u./Sabine & Christian Bordes; *Paris-Lodron-Universität, Salzburg*: 169; *shutterstock.com*: 19 u./luchschen, 20/Vling, 22 u./Marc Dietrich, 23/ Kiselev Andrey Valerevich, 26 u./PhotoCreate, 27/Chad Bontrager, 31 u./Alena, 33/PhotoCreate, 35/Hannamariah, 38/39/WizData, inc., 41/Patricia Hofmeester, 42/Marina Kryukova, 44/Donald R. Swartz, 50/puchan, 51/Niserin, 53/Mike Liu, 57/Kalim, 59/tadija, 60/Andreas G. Karelias, 61/Gordon Swanson, 62/Andre Nantel 63/Craig McAteer, 64/Natalia Bratslavsky, 65/Mayskyphoto, 70/Regien Paassen, 71/Rostislav glinsky, 72/73/Ronald Sumners, 75/Loredana, 76 u./Gusev Mikhail Evgenievich, 77/William Casey, 78/Bryan Busovicki, 79/William Casey, 81/RJR 85 u. urosr, 86/Patsy A. Jacks, 88/Joao Virissimo, 89/Ramona Heim, 90 u./elias H. Debba II, 92/Jacques Kloppers, 93 o./David Peta, 99/, 101/Joseph Calev, 104 o., 106/Rafa Martin-Gaitero, 107/Dale Mitchell, 109, 111 u./Michael Fuery, 111 o./PhotoCreate, 113/Cameron Cross, 123 o./Feverpitch, 125/kBadami, 128/Ketih Levit, 129/Factori singular fotografia, 132/Nagy Melinda, 135/Curt Ziegler, 141 o./Jaimie Duplass, 142/Gordon Swanson, 145 u./Jim Parkin, 146/tito Wong, 153/David Lee, 154/155 YUCIS studio, 155 o./Viktor Pryymachuk, 156/Karolina Ksiazek, 158/Carme Balcells, 161/ollirg, 162/163/digitalskillet, 163 u./Izzat Bakhadryrov, 166/Stepan Jezek, 175 o./Adrian Hughes, 187/pmphoto; *TopFoto, Kent*: 9 u., 28/29/National Pictures, 67/HIP; *Vox, Köln*: 15 u., 17, 21 u., 22 o., 25, 26 o. 30, 31 o., 32, 45, 46, 73 o., 74, 80, 85 o., 90, 93, 104, 108, 112, 114 l.., 116, 119 l., 119 r., 120, 124, 126, 127, 128, 130, 131, 133, 134, 139, 140, 144, 145 o., 147, 148, 149 u., 150 u., 152, 157, 164, 167, 168, 170, 171, 173; *wissenmedia GmbH, Gütersloh*: 9 o., 10, 110/111, 177; *YFU – Internationaler Jugendaustausch*: 165